Sauver du temps et de l'argent
avec la
CUISINE
au
STEAK
HACHÉ

Sauver du temps et de l'argent avec la
CUISINE
au
STEAK HACHÈ

LIBRE
EXPRESSION

Données de catalogage avant publication (Canada)

Vedette principale au titre

La Cuisine au steak haché

2-89111-287-3

1. Cuisine (Boeuf)

TX749.C84 1986   641.8'24   C86-096149-X

Maquette de la couverture : France Lafond

Photo de la couverture : Patrice Puiberneau

Photocomposition et mise en pages : **lenmieux**

© Éditions Libre Expression, 1986

Dépôt légal :
2e trimestre 1986

ISBN 2-89111-287-3

PAINS DE VIANDE

M UFFINS AU BOEUF «LUNCH»

Donne 6 à 8 muffins   **Préparation: 10 minutes**
Coût: $ **Cuisson: 30 minutes**

Ingrédients

1 lb de boeuf haché
1 oignon haché finement
1 gousse d'ail hachée finement
1 tasse de chapelure
1 oeuf
½ tasse de ketchup
¼ tasse de cassonade
1 c. à thé de moutarde forte
Sel et poivre au goût

Préparation

1. Mélanger le boeuf, l'oignon, l'ail, la chapelure et l'oeuf. Saler et poivrer.
2. Beurrer les moules à muffins et y verser la viande.
3. Mélanger le ketchup, la cassonade et la moutarde forte. Recouvrir les muffins de ce mélange.
4. Mettre au four à 350° F pendant 30 minutes.

PAIN DE VIANDE «LUNCH»

Donne une douzaine de portions
Coût: $

Préparation: 10 minutes
Cuisson: 1 heure 30

Ingrédients

2 lb de boeuf haché finement (demandez au boucher de le passer 2 fois au moulin)
1 tasse de jambon cuit passé au moulin à viande
2 oignons hachés finement
1 tasse de chapelure
1 oeuf
1 c. à thé de marjolaine
Sel et poivre au goût

Préparation

1. Mélanger parfaitement tous les ingrédients. Saler et poivrer. Mettre dans un moule à pain.
2. Mettre au four à 350° F pendant 1 heure 30.
3. Refroidir le pain de viande, démouler et couper en tranches.

PAIN DE VIANDE AU FROMAGE

Pour 4 personnes
Coût: $$

Préparation: 20 minutes
Cuisson: 35 minutes

Ingrédients

1 lb de boeuf haché
1 tasse de fromage à la crème
1 oeuf
½ tasse de ketchup
1 c. à soupe de moutarde sèche
1 c. à soupe de cassonade
1 c. à thé de thym
3 échalotes hachées
½ tasse de cheddar doux râpé
⅓ tasse de parmesan

Préparation

1. Mélanger le boeuf, le fromage à la crème, l'oeuf, le ketchup, la moutarde, la cassonade, le thym et les échalotes. Saler et poivrer.

2. Mettre dans un moule à pain.

3. Parsemer de cheddar et de parmesan. Couvrir et mettre au four à 350° F pendant 30 minutes.

4. Découvrir et laisser dorer 5 minutes.

5. Servir en tranches sur une feuille de laitue.

PAIN DE VIANDE DU LUNDI

Pour 4 personnes
Coût : $

Préparation : 10 minutes
Cuisson : 1 heure

Ingrédients

1½ lb de boeuf haché
1 oeuf
¾ tasse de chapelure
1 oignon haché finement
⅓ tasse de bouillon
2 c. à soupe de pâte de tomates
5-6 gouttes de tabasco
2 c. à soupe de beurre
Sel et poivre au goût

Préparation

1. Faire fondre le beurre et faire revenir l'oignon.

2. Mélanger la viande, l'oeuf, l'oignon cuit, la chapelure, le bouillon, la pâte de tomates et le tabasco. Saler et poivrer.

3. Mettre dans un moule à pain beurré et cuire au four à 350° F pendant 1 heure.

PAIN DE VIANDE AU LAIT

Pour 4 personnes
Coût: $$

Préparation: 20 minutes
Cuisson: 1 heure

Ingrédients

1½ lb de boeuf haché
½ tasse de chapelure
1 tasse de lait évaporé
⅓ tasse de ketchup
⅓ tasse de sauce Worcestershire
3 carottes en rondelles
2 pommes de terre tranchées
1 poivron vert tranché
2 oignons verts en rondelles
2 courgettes tranchées
Sel et poivre au goût

Préparation

1. Mélanger le boeuf, la chapelure, le lait, la sauce Worcestershire, le ketchup. Saler et poivrer.
2. Façonner en forme de pain et placer tous les légumes autour.
3. Couvrir et faire cuire au four à 375° F pendant 1 heure.

PAIN DE VIANDE VITE FAIT

Pour 4 personnes
Coût : $

Préparation : 10 minutes
Cuisson : 1 heure

Ingrédients

1 lb de boeuf haché
1 oignon haché
¼ tasse de lait
½ tasse de mie de pain
1 oeuf
¾ tasse de ketchup
1 c. à thé de moutarde sèche
½ tasse de cassonade
Sel et poivre au goût

Préparation

1. Faire tremper la mie de pain dans le lait.
2. Mélanger la viande, l'oignon, la mie de pain, l'oeuf. Saler et poivrer.
3. Mettre dans un moule à pain.
4. Mélanger le ketchup, la moutarde sèche et la cassonade. Étendre sur le pain de viande.
5. Faire cuire au four à 350° F pendant 1 heure.

PAIN DE VIANDE AU VIN BLANC

Pour 6 personnes
Coût: $$

Préparation: 30 minutes
Cuisson: 50 minutes

Ingrédients

2 lb de boeuf haché
1 oeuf
½ tasse de mie de pain
½ c. à thé de laurier moulu
½ c. à thé de marjolaine
½ c. à thé de sarriette
½ c. à thé de thym
½ tasse de vin blanc
Sel et poivre au goût

Préparation

1. Mélanger la viande, l'oeuf, la mie de pain, le laurier, la marjolaine, la sarriette, le thym. Saler et poivrer.
2. Mettre dans un moule à pain beurré et arroser de vin blanc.
3. Faire cuire au four à 350° F pendant 50 minutes.
4. Servir avec une macédoine de légumes à la mayonnaise.

PAIN DE VIANDE ÉCLAIR

Pour 4 personnes   **Préparation: 5 minutes**
Coût: $ **Cuisson: 1 heure**

Ingrédients

1 lb de boeuf haché
1 tasse de flocons d'avoine
1 oignon haché
1 oeuf
1½ tasse de jus de tomate
2 c. à thé de moutarde sèche
½ c. à thé de basilic
Sel et poivre au goût

Préparation

1. Mélanger tous les ingrédients (sauf ½ tasse de jus de tomate) et mettre dans un moule à pain beurré.
2. Mettre au four à 350° F pendant 1 heure.
3. Faire chauffer le jus de tomates, verser sur le pain de viande et servir.

PAIN DE VIANDE EN SANDWICH

Pour 4 personnes
Coût: $$

Préparation: 15 minutes
Cuisson: 30 minutes

Ingrédients

1 lb de boeuf haché
1 oignon haché
1 c. à thé de sel d'ail
2 tranches de fromage
4 tranches de tomates
2 c. à soupe de mayonnaise
4 tranches de bacon
Sel et poivre au goût

Préparation

1. Mélanger le boeuf, l'oignon, le sel d'ail. Saler et poivrer.
2. Diviser le boeuf en deux parties. En étaler une portion sur une lèchefrite.
3. Recouvrir cette moitié de viande, de fromage, de tomates et de mayonnaise.
4. Mettre la deuxième moitié de viande par-dessus.
5. Disperser les tranches de bacon sur le tout.
6. Mettre au four à 400° F pendant 30 minutes.

ROULEAU DE NAPLES

Pour 4 à 6 personnes
Coût: $$

Préparation: 25 minutes
Cuisson: 1 heure

Ingrédients

1 lb de boeuf haché
2 oeufs
½ tasse de chapelure
1 oignon haché
1 gousse d'ail haché
1 c. à thé de persil
½ c. à thé d'origan
½ c. à thé de basilic
2 c. à soupe de parmesan
2 c. à soupe de chapelure
1 tasse de mozzarella râpé
1 boîte de sauce tomate à l'italienne
2 c. à soupe d'huile d'olive
Sel et poivre au goût

Préparation

1. Faire revenir l'oignon et l'ail dans l'huile.

2. Mélanger parfaitement le boeuf, l'oignon, l'ail, les oeufs, la chapelure, le persil, l'origan, le basilic et le parmesan. Saler et poivrer.

3. Étendre ce mélange sur un papier ciré.

4. Parsemer de mozzarella et procéder comme pour un gâteau roulé.

5. Napper de la sauce tomate additionnée de l'huile d'olive, saupoudrez de 2 c. à soupe de chapelure, couvrir et cuire dans un four à 350° F pendant 1 heure.

6. Couper en tranches et servir avec du pain à l'ail.

PAIN DE VIANDE AUX FÈVES ROUGES

Pour 4 à 6 personnes   **Préparation : 15 minutes**
Coût : $ **Cuisson : 1 heure**

Ingrédients

1 lb de boeuf haché
1 oignon émincé
1 tasse de céleri coupé en dés
1 oeuf
1 boîte de fèves rouges
1 boîte de tomates italiennes broyées
Sel et poivre au goût

Préparation

1. Mélanger le boeuf, l'oignon, le céleri et l'oeuf. Saler et poivrer.
2. Placer dans un moule à pain beurré.
3. Ajouter les fèves rouges et les tomates.
4. Mettre au four à 350° F pendant 1 heure.

PAIN DE VIANDE MINUTE

Pour 4 personnes
Coût: $

Préparation: 5 minutes
Cuisson: 1 heure

Ingrédients

1 lb de boeuf haché
½ paquet de soupe aux poireaux desséchés
¼ tasse de germe de blé
⅓ tasse de lait
½ tasse de ketchup
⅓ tasse de cassonade
1 c. à soupe de moutarde forte
Sel et poivre au goût

Préparation

1. Mélanger le boeuf, la poudre aux poireaux, le germe de blé, le lait. Saler et poivrer.

2. Mettre dans un plat allant au four.

3. Mélanger le ketchup, la cassonade et la moutarde forte. Étendre sur la viande.

4. Mettre au four à 350° F pendant 1 heure.

5. Servir en tranches.

ROULEAU FARCI

Pour 6 personnes
Coût : $

Préparation : 20 minutes
Cuisson : 50 minutes

Ingrédients

1 lb de boeuf haché
1 oeuf
¾ tasse de lait
5 tasses de mie de pain en dés
1 oignon finement haché
½ c. à thé de sarriette
½ c. à thé de marjolaine
1 c. à thé de thym
Sel et poivre au goût

Préparation

1. Mélanger l'oeuf, ½ tasse de lait, 1 tasse de mie de pain et la moitié de l'oignon haché.
2. Attendre quelques instants et ajouter la viande. Saler et poivrer. Bien mélanger.
3. Sur un papier ciré, étaler la viande en rectangle.
4. Préparer la farce en mélangeant ¼ tasse de lait, 4 tasses de mie de pain, la moitié de l'oignon, la sarriette, la marjolaine et le thym.
5. Étendre la farce sur la viande et procéder comme pour un gâteau roulé.
6. Mettre au four à 350° F pendant 50 minutes.
7. Servir sur des feuilles de laitue.

COURONNE DE BOEUF

Pour 4 à 6 personnes
Coût: $

Préparation: 20 minutes
Cuisson: 1 heure

Ingrédients

1 lb de boeuf haché
1 tranche de pain blanc en dés
¼ tasse de lait
3 oeufs
2 tomates hachées
1 c. à thé de paprika
1 c. à thé de thym
2 c. à soupe de chapelure
3 c. à soupe de beurre
Sel et poivre au goût

Préparation

1. Faire tremper la mie de pain dans le lait pendant 10 minutes et en exprimer le lait.

2. Faire fondre 2 c. à soupe de beurre et faire cuire le boeuf.

3. Mélanger le boeuf, la mie de pain, les tomates, les oeufs, le thym et le paprika. Saler et poivrer.

4. Beurrer un moule en couronne et saupoudrer de chapelure.

5. Mettre le boeuf dans la couronne et mettre au four à 350° F pendant 1 heure.

6. Démouler et décorer la couronne avec du persil ou des tranches de poivrons rouges.

LES CROQUETTES,
LES PÂTÉS
ET LES GALETTES

CROQUETTES MONSIEUR

Pour 4 personnes
Coût: $

Préparation: 5 minutes
Cuisson: 10 à 15 minutes

Ingrédients

1 lb de boeuf haché
1 oeuf
1 saucisson coupé en fines rondelles
1 c. à thé de thym
2 c. à soupe de beurre
Sel et poivre au goût

Préparation

1. Mélanger tous les ingrédients (sauf le beurre) et former 4 croquettes.
2. Faire fondre le beurre et faire cuire les croquettes.
3. Servir avec du pain à l'ail.

CROQUETTES DE BOEUF EN SAUCE BLANCHE

Pour 4 à 6 personnes
Coût: $

Préparation: 20 minutes
Cuisson: 20 minutes

Ingrédients

1 lb de boeuf haché
1 oignon émincé
2 tasses de sauce blanche épaisse
1 c. à soupe de persil haché
1 tasse de cheddar ou de gruyère râpé
1 tasse de chapelure
1 oeuf battu
3 c. à soupe de beurre

Préparation

1. Faire fondre le beurre et faire revenir l'oignon.

2. Ajouter la viande et faire cuire.

3. Mélanger la viande cuite, l'oignon, ½ tasse de sauce blanche, le persil et le fromage. Saler et poivrer.

4. Façonner en bâtonnets de ¾ de pouce de diamètre.

5. Rouler les bâtonnets dans la chapelure et tremper dans l'oeuf.

6. Rouler dans la chapelure à nouveau.

7. Cuire au four à 400° F pendant 20 minutes.

8. Napper de sauce blanche et servir immédiatement.

CROQUETTES DE BOEUF À L'AMÉRICAINE

Pour 4 personnes   **Préparation : 10 minutes**
Coût : $ **Cuisson : 30 minutes**

Ingrédients

1 lb de boeuf haché
1 tasse de chapelure
½ tasse de lait
½ tasse de ketchup
2 c. à soupe de cassonade
1 c. à soupe de moutarde sèche
¼ tasse d'eau
2 c. à soupe de sauce Worcestershire
4 gouttes de tabasco
Sel et poivre au goût

Préparation

1. Mettre la chapelure dans le lait. Ajouter la viande. Saler et poivrer.
2. Former 4 croquettes et disposer dans un plat allant au four.
3. Mélanger le ketchup, la cassonade, la moutarde sèche, l'eau, la sauce Worcestershire et le tabasco. Verser sur les croquettes.
4. Couvrir et mettre au four à 375° F pendant 30 minutes.

CROQUETTES MADAME

Pour 4 personnes
Coût: $

Préparation: 8 minutes
Cuisson: 10 à 15 minutes

Ingrédients

1 lb de boeuf haché
1 oignon haché finement
1 gousse d'ail hachée
1 c. à soupe de parmesan
1 c. à thé d'origan
1 c. à thé de basilic
1 c. à soupe de persil
½ tasse de chapelure
1 petit oeuf
2 c. à soupe de beurre
Sel et poivre au goût

Préparation

1. Mélanger parfaitement le boeuf, l'oignon, l'ail, le parmesan, l'origan, le basilic, le persil, le sel et le poivre.

2. Former 4 croquettes et tremper dans l'oeuf battu avant de recouvrir de chapelure.

3. Faire fondre le beurre et faire cuire les croquettes.

CROQUETTES DU SULTAN

Pour 4 personnes
Coût : $

Préparation : 5 minutes
Cuisson : 10 à 15 minutes

Ingrédients

1 lb de boeuf haché
1 oeuf
2 c. à soupe de persil haché finement
1 c. à soupe de cumin
1 c. à soupe de coriandre
1 c. à thé de paprika
2 c. à soupe de beurre
Sel et poivre au goût

Préparation

1. Mélanger tous les ingrédients (sauf le beurre).

2. Façonner 4 croquettes.

3. Faire fondre le beurre et faire cuire les croquettes.

CROQUETTES DU CHEF

Pour 4 personnes
Coût: $$

Préparation: 20 minutes
Cuisson: 10 à 15 minutes

Ingrédients

1 lb de boeuf haché
1 oignon haché
1 gousse d'ail hachée
1 c. à soupe de persil haché
1 oeuf
1 poireau tranché en lamelles
2 c. à soupe de fécule de maïs
2 tasses de bouillon de boeuf
1 tasse de crème 15 %
2 c. à soupe de beurre
2 c. à soupe d'huile
Sel et poivre au goût

Préparation

1. Faire fondre le beurre et faire revenir l'oignon, l'ail et le persil.

2. Mélanger le boeuf haché et l'oeuf. Saler et poivrer. Ajouter l'oignon, l'ail et le persil revenus.

3. Façonner 4 croquettes et faire frire dans l'huile.

4. Retirer les croquettes et faire revenir les poireaux dans la même poêle.

5. Ajouter la fécule de maïs au bouillon de boeuf froid et verser sur les poireaux. Faire mijoter pendant 3 minutes en brassant sans arrêt pour éviter que des grumeaux ne se forment.

6. Ajouter la crème à la dernière minute. Vérifier l'assaisonnement.

7. Napper les croquettes de cette sauce et servir immédiatement.

STEAK DE BOEUF ALSACIEN

Pour 4 personnes
Coût: $

Préparation: 5 minutes
Cuisson: 12 minutes

Ingrédients

1 lb de boeuf haché
1 oignon finement haché
1 gousse d'ail hachée
1 c. à thé de sauce Worcestershire
1 oeuf
4 échalotes françaises hachées (petits oignons)
1 tasse de chou vert émincé
1 c. à soupe de vinaigre de cidre de pomme
3 c. à soupe de beurre
Sel et poivre au goût

Préparation

1. Faire fondre 1 c. à soupe de beurre et faire revenir l'oignon et l'ail.

2. Mélanger la viande, l'oeuf, la sauce Worcestershire, l'oignon et l'ail revenus. Saler et poivrer.

3. Façonner 4 croquettes et les faire cuire dans 2 c. à soupe de beurre.

4. Retirer les croquettes du feu et garder au chaud.

5. Mettre les échalotes et le chou dans la poêle.

6. Arroser de vinaigre de cidre de pomme. Saler et poivrer. Couvrir et faire cuire à feu doux pendant 10 minutes environ.

7. Verser le chou et les échalotes sur les croquettes de boeuf et servir immédiatement. Les croquettes à l'alsacienne sont délicieuses avec une chope de bière.

CROQUETTES DE BOEUF HACHÉ AU BACON

Pour 4 personnes
Coût: $$

Préparation: 5 minutes
Cuisson: 10 à 15 minutes

Ingrédients

1 lb de boeuf haché
1 oeuf
1 c. à thé de thym
1 c. à soupe de persil haché
1 c. à soupe de parmesan râpé
9 tranches de bacon
Sel et poivre au goût

Préparation

1. Mélanger tous les ingrédients (excepté le bacon). Former 4 croquettes de boeuf haché et enrouler chacune de 2 tranches de bacon.

2. Faire fondre une tranche de bacon dans un poêlon et faire cuire les croquettes.

PÂTÉ DE BOEUF ET LENTILLES

Pour 4 à 6 personnes
Coût: $

Préparation: 10 minutes
Cuisson: 10 à 15 minutes

Ingrédients

1 lb de boeuf haché
2 gousses d'ail hachées
1 tasse de lentilles
1 oeuf
1 c. à soupe de persil
½ c. à thé de thym
4 c. à soupe de chapelure
2 c. à soupe de beurre
Sel et poivre au goût

Préparation

1. Mélanger le boeuf, l'ail, les lentilles, le persil, le thym et l'oeuf. Saler et poivrer.

2. Former en petits pâtés et rouler dans la chapelure.

3. Faire fondre le beurre et faire cuire les pâtés.

CROQUETTES DE GRAND-MÈRE

Pour 4 personnes
Coût: $

Préparation: 10 minutes
Cuisson: 10 minutes

Ingrédients

1 lb de boeuf haché
½ tasse de pommes de terre râpées cuites
1 oignon finement haché
1 oeuf
2 c. à soupe de beurre
Sel et poivre au goût

Préparation

1. Mélanger tous les ingrédients (sauf le beurre). Façonner en croquettes.
2. Faire fondre le beurre et faire cuire les croquettes.

CROQUETTES DE MARCELLO

Pour 4 à 6 personnes
Coût: $$

Préparation: 15 minutes
Cuisson: 10 à 15 minutes

Ingrédients

1 lb de boeuf haché
2 tasses de mie de pain blanc
½ tasse de crème 35 %
3 saucisses italiennes
1 oeuf
2 c. à soupe de persil italien finement haché
2 gousses d'ail hachées
8 c. à soupe de fromage romano
le zeste d'un citron
5 c. à soupe d'huile d'olive
1 boîte de sauce tomate italienne
Sel et poivre au goût

Préparation

1. Faire tremper la mie de pain dans la crème pendant 5 minutes.

2. Débarrasser les saucisses de leur enveloppe.

3. Mélanger parfaitement le boeuf, la chair de saucisse, l'oeuf, le persil, l'ail, le romano, le zeste de citron, 1 c. à soupe d'huile d'olive et la mie de pain. Saler et poivrer.

4. Former des petites croquettes plates de 2 pouces environ.

5. Faire chauffer 4 c. à soupe d'huile d'olive et y jeter les croquettes. Les retourner de façon à ce qu'elles soient dorées uniformément.

6. Retirer de l'huile, mettre dans un plat de service et napper de sauce tomate chaude.

GALETTES AU BOEUF DE RUTA

Pour 4 personnes
Coût : $

Préparation : 15 minutes
Cuisson : 10 minutes

Ingrédients

1 lb de boeuf haché
2 oeufs
1 tasse de chapelure
1 oignon haché finement
½ c. à thé de poivre noir
½ tasse d'eau
1 chou rouge moyen
1 c. à thé de vinaigre de cidre de pomme
8 c. à soupe d'huile
Sel et poivre au goût

Préparation

1. Mélanger le boeuf, les oeufs, ½ tasse de chapelure, l'oignon, l'eau, le poivre. Saler.

2. Former 8 galettes très minces et rouler dans le reste de chapelure.

3. Faire chauffer 4 c. à soupe d'huile et y jeter les galettes. Elles doivent être très brunes à l'extérieur.

4. Émincer le chou rouge. Faire chauffer 4 c. à soupe d'huile et faire cuire le chou rouge à feu moyen jusqu'à ce qu'il soit assez tendre. Au moment de servir ajouter le vinaigre de cidre de pomme.

5. Servir le chou et les galettes dans la même assiette.

CROQUETTES AU YOGOURT

Pour 4 à 6 personnes
Coût : $$

Préparation : 15 minutes
Cuisson : 30 minutes

Ingrédients

1½ lb de boeuf haché
1 oignon haché
1 oeuf
2 tranches de mie de pain en dés
¼ tasse de lait
1½ tasse de yogourt
8 champignons en lamelles
3 c. à soupe de beurre
Sel et poivre au goût

Préparation

1. Faire tremper le pain dans le lait. Exprimer le surplus de lait.
2. Faire fondre 1 c. à soupe de beurre et faire revenir l'oignon.
3. Mélanger le boeuf, l'oignon cuit, l'oeuf, la mie de pain, le sel et le poivre. Former en croquettes.
4. Faire fondre 2 c. à soupe de beurre et faire dorer les croquettes.
5. Ajouter les champignons et le yogourt et faire mijoter pendant 30 minutes.

LES BOULETTES

BOULETTES BERLINOISES

Pour 4 personnes
Coût: $$

Préparation: 45 minutes
Cuisson: 25 minutes

Ingrédients

1re étape
1 lb de steak haché
1 oignon haché
1 tasse de mie de pain
2 c. à soupe de crème 35 %
1 c. à thé de pâte d'anchois (facultatif)
2 oeufs
le zeste d'un citron
2 c. à soupe de beurre
Sel et poivre au goût

2e étape
2 pintes d'eau salée
1 oignon
1 feuille de laurier

3e étape
4 c. à soupe de beurre
4 c. à soupe de farine
le jus d'un citron
2 c. à soupe de câpres
2 jaunes d'oeufs

Préparation

1. Faire fondre le beurre et faire revenir l'oignon.

2. Tremper la mie de pain dans la crème pendant 5 minutes. Ajouter le boeuf, les oeufs, la pâte d'anchois, l'oignon et le zeste de citron. Saler et poivrer.

3. Mélanger parfaitement et former les boulettes.

4. Amener à ébullition (étape 2) l'eau salée, l'oignon, la feuille de laurier. Faire bouillir 10 minutes.

5. Réduire à feu doux et plonger les boulettes dans l'eau. Faire mijoter 20 minutes.

6. Retirer les boulettes et mettre de côté. Conserver 3 tasses d'eau de cuisson.

7. Faire fondre (étape 3) le beurre dans un plat en fonte émaillée. Retirer du feu et ajouter la farine en brassant sans arrêt. Ajouter les 3 tasses d'eau de cuisson.

8. Remettre sur le feu et battre sans arrêt jusqu'à ce que la sauce ait une belle consistance.

9. Battre les jaunes d'oeufs et ajouter à la sauce ainsi que le jus de citron et les câpres.

10. Ajouter les boulettes mises de côté dans cette sauce et réchauffer. Servir.

BOULETTES AU CARI

Pour 4 à 6 personnes
Coût: $$

Préparation: 20 minutes
Cuisson: 15 minutes

Ingrédients

1½ lb de boeuf haché
2 tranches de pain
½ tasse de lait
1 gros oeuf
1 oignon vert émincé
2 c. à soupe de graisse
1 boîte de crème d'asperges
¾ tasse de crème 15 %
2 c. à thé de cari
Sel et poivre au goût

Préparation

1. Faire tremper le pain dans le lait.

2. Mélanger la viande, l'oeuf et l'oignon haché. Saler et poivrer.

3. Incorporer le pain.

4. Façonner des boulettes de la grosseur d'une petite mandarine.

5. Faire fondre la graisse et y faire dorer les boulettes. Retirer et éponger.

6. Mélanger la crème d'asperges, la crème et le cari. Ajouter les boulettes et faire mijoter à feu doux pendant 10 minutes.

7. Servir sur un nid de nouilles au beurre ou de riz.

BOULETTES DE CAMPAGNE

Pour 4 personnes
Coût: $

Préparation: 20 minutes
Cuisson: 40 minutes

Ingrédients

1 lb de boeuf haché
½ tasse de chapelure
1 gros oeuf
1 oignon rouge haché finement
2 c. à soupe de graisse
1 tasse de sauce aux tomates maison ou commerciale
1 boîte de sauce aux canneberges
Sel et poivre au goût

Préparation

1. Bien mélanger le boeuf, la chapelure, l'oeuf, l'oignon. Saler et poivrer.

2. Façonner les boulettes.

3. Faire fondre la graisse et faire dorer les boulettes. Éponger.

4. Mettre les boulettes dans un plat allant au four.

5. Mélanger la sauce aux tomates et la sauce aux canneberges.

6. Verser sur les boulettes. Couvrir et mettre au four à 350° F pendant 40 minutes.

7. Servir avec des pommes de terre en purée à la crème sure. (On remplace le lait par de la crème sure.)

BOULETTES DE QUÉBEC

Pour 4 personnes
Coût: $

Préparation: 20 minutes
Cuisson: 1 heure

Ingrédients

1 lb de boeuf haché
½ tasse de purée de pommes
1 oeuf
½ tasse de chapelure
2 c. à soupe de graisse
1 oignon vert haché
1 poivron vert haché
1 branche de céleri coupée en lamelles
1 boîte de crème de céleri
Sel et poivre au goût

Préparation

1. Mélanger le boeuf, la compote de pommes, l'oeuf, la chapelure. Saler et poivrer.

2. Façonner les boulettes.

3. Faire fondre la graisse et faire dorer les boulettes. Retirer et éponger.

4. Placer les boulettes dans un plat à gratin 8 × 8.

5. Faire dorer l'oignon, le poivron et le céleri.

6. Disposer sur les boulettes.

7. Chauffer la crème de céleri et verser sur les boulettes.

8. Mettre au four à 350° F pendant 1 heure.

9. Servir chaud avec des pommes de terre bouillies.

BOULETTES DE CRACOVIE

Pour 4 à 6 personnes
Coût: $

Préparation: 25 minutes
Cuisson: 45 minutes

Ingrédients

1½ lb de boeuf haché
1 oeuf
¼ tasse de chapelure
⅓ tasse de lait
1 petit oignon émincé
1 c. à thé de marjolaine
½ c. à thé de thym
½ c. à soupe de persil sec
2 c. à soupe de graisse
8 champignons en lamelles
2 c. à table de farine
1 tasse de consommé de boeuf
1 tasse de crème sure.

Préparation

1. Mélanger le boeuf, l'oeuf, la chapelure, le lait, l'oignon, le persil, la marjolaine et le thym. Saler et poivrer.

2. Façonner les boulettes.

3. Faire fondre la graisse et faire dorer les boulettes. Retirer et éponger.

4. Faire dorer les champignons et ajouter la farine.

5. Ajouter le consommé aux champignons et brasser vivement quelques minutes.

6. Mettre les boulettes et la sauce au four à 350° F pendant 45 minutes.

7. Retirer du four. Mettre les boulettes de côté et ajouter la crème sure à la sauce.

8. Verser la sauce sur les boulettes ou servir séparément.

BOULETTES ALI BABA

Pour 4 à 6 personnes
Coût: $$

Préparation: 15 minutes
Cuisson: 45 minutes

Ingrédients

1 lb de boeuf haché
1 c. à thé de cannelle
1 c. à thé de coriandre
1 c. à thé de paprika
1 c. à soupe de persil haché finement
1 c. à thé de cumin
1 oignon haché
¼ tasse de riz non cuit
2 tasses de bouillon de boeuf
¼ c. à thé de safran
le jus de 2 citrons
3 c. à soupe de beurre
Sel et poivre au goût

Préparation

1. Mélanger parfaitement le boeuf, la cannelle, la coriandre, le paprika, le persil, le cumin, l'oignon et le riz. Former des petites boulettes.

2. Faire fondre le beurre et y faire cuire les boulettes.

3. Ajouter le bouillon de boeuf et le safran. Saler et poivrer.

4. Faire cuire à feu modéré pendant 45 minutes.

5. Ajouter le jus de citron avant de servir.

BOULETTES DE STOCKHOLM

Pour 8 personnes
(en hors-d'oeuvre)
Coût: $$

Préparation: 30 minutes
Cuisson: 10 minutes

Ingrédients

1 lb de boeuf haché
2 oignons hachés finement
1 tasse de purée de pommes de terre
4 c. à soupe de chapelure
⅓ tasse de crème 35%
1 oeuf
1 c. à soupe de beurre
2 c. à soupe d'huile
2 c. à soupe de farine
Sel et poivre au goût

Préparation

1. Faire revenir les oignons dans le beurre.

2. Mélanger le boeuf, les oignons, les pommes de terre, la chapelure, la crème et l'oeuf. Saler et poivrer.

3. Former de très petites boulettes et rouler dans la farine. Mettre au réfrigérateur pendant 30 minutes (cela aide les boulettes à ne pas s'émietter au moment de la cuisson).

4. Faire chauffer l'huile et faire brunir les boulettes.

BOULETTES À LA BIÈRE

Pour 6 à 8 personnes   **Préparation : 20 minutes**
Coût : $ $ **Cuisson : 20 minutes**

Ingrédients

2 lb de boeuf haché
1 oignon haché finement
1½ tasse de chapelure
1 oeuf
1½ tasse de bière
2 c. à soupe de jus de citron
2 c. à soupe de farine
5 c. à soupe de beurre
Sel et poivre au goût

Préparation

1. Faire fondre 2 c. à soupe de beurre et faire dorer l'oignon.
2. Mélanger le boeuf, les oignons, la chapelure, l'oeuf, le sel et le poivre.
3. Former des petites boulettes et les rouler dans la farine.
4. Faire fondre 3 c. à soupe de beurre et y faire brunir les boulettes.
5. Ajouter la bière et le jus de citron et amener à ébullition.
6. Réduire la chaleur. Couvrir et laisser mijoter pendant 20 minutes.

BOULETTES AUX POIREAUX

Pour 6 à 8 personnes
Coût : $ $

Préparation : 20 minutes
Cuisson : 15 minutes

Ingrédients

2 lb de boeuf haché
12 gros poireaux
3 oeufs
2 tasses de chapelure
6 c. à soupe de jus de citron
2 tasses d'eau
4 c. à soupe d'huile
Sel et poivre au goût

Préparation

1. Faire cuire les poireaux à la marguerite. Réduire en purée dans le mélangeur (blender).

2. Mélanger la viande, la purée de poireaux, la chapelure, les oeufs, le sel et le poivre.

3. Faire chauffer l'huile et faire brunir les boulettes.

4. Ajouter le jus de citron et l'eau. Porter à ébullition.

5. Réduire le feu, couvrir et faire mijoter pendant 15 minutes. Brasser de temps en temps et ajouter de l'eau si nécessaire.

BOULETTES AU YOGOURT

Pour 6 personnes
Coût: $ $

Préparation: 20 minutes
Cuisson: 40 minutes

Ingrédients

2 lb de boeuf haché
1 oignon haché
1 tasse de chapelure
3 oeufs
2 tasses de yogourt nature
2 c. à soupe de graines de carvi
2 c. à soupe de farine
2 c. à soupe de beurre
Sel et poivre au goût

Préparation

1. Mélanger le boeuf, l'oignon, 1 oeuf, la chapelure, le sel et le poivre.

2. Façonner les boulettes et rouler dans la farine.

3. Faire fondre le beurre et faire dorer les boulettes de tous côtés.

4. Mettre les boulettes dans un plat allant au four à 350° F pendant 30 minutes.

5. Battre 2 oeufs avec le yogourt. Ajouter les graines de carvi. Saler et poivrer.

6. Retirer les boulettes du four, napper de sauce yogourt et remettre au four pendant 10 minutes.

M INI-BOULETTES DE LA CHAMBREUSE

Pour 4 personnes
Coût : $$

Préparation : 20 minutes
Cuisson : 20 minutes

Ingrédients

1 lb de boeuf haché
¼ tasse de chapelure de blé entier
1 c. à thé de coriandre
1 c. à thé de graines de cumin
¼ c. à thé de poivre de cayenne
2 oignons hachés finement
1 gousse d'ail écrasée
½ tasse de champignons hachés
1 c. à thé de jus de citron
1 tasse de bouillon de boeuf
1 tasse de yogourt nature
2 c. à soupe d'huile
Paprika
Sel et poivre au goût

Préparation

1. Mélanger le boeuf, la chapelure, la coriandre, le cumin, le poivre de cayenne, le sel.

2. Former des petites boulettes.

3. Faire chauffer l'huile et faire dorer les boulettes de toutes parts. Ajouter les oignons et l'ail et cuire à feu doux pendant 5 minutes.

4. Ajouter les champignons, le jus de citron et le bouillon. Faire cuire à feu doux pendant encore 10 minutes.

5. Retirer du feu et ajouter le yogourt et le paprika.

6. Servir sur un nid de nouilles.

BOEUF À LA CHINOISE

Pour 4 personnes
Coût: $$

Préparation: 30 minutes
Cuisson: 15 minutes

Ingrédients

1 lb de boeuf haché
1 gousse d'ail pilée
2 oeufs
¼ tasse de farine
½ tasse d'huile
½ tasse de bouillon de poulet
2 gros piments verts en morceaux
1 boîte d'ananas en morceaux (réserver le jus)
½ tasse de sucre
3 c. à soupe de fécule de maïs
½ tasse de vinaigre de cidre
3 c. à soupe de sauce soya
Sel et poivre au goût

Préparation

1. Mélanger le boeuf, l'ail, le sel et le poivre. Former en petites boulettes.

2. Battre les oeufs avec la farine. Saler et poivrer.

3. Faire chauffer l'huile.

4. Tremper les boulettes dans les oeufs battus et jeter dans l'huile chaude. Frire de tous côtés. Retirer les boulettes lorsqu'elles sont cuites.

5. Dans la même casserole, verser le bouillon de poulet, les morceaux de piment et d'ananas. Faire mijoter 5 minutes en couvrant.

6. Mettre les boulettes dans le bouillon et faire mijoter encore pendant 5 minutes.

7. Mélanger parfaitement ½ tasse de jus d'ananas, le sucre, la fécule, le vinaigre et la sauce soya.

8. Verser dans la casserole en brassant sans arrêt jusqu'à ce que la sauce ait une belle consistance.

SAUCISSES ZORBA

Pour 6 personnes
Coût: $ $

Préparation: 25 minutes
Cuisson: 20 minutes

Ingrédients

1½ lb de boeuf haché
2 tranches de pain blanc en dés
¼ tasse de lait
2 c. à thé de cumin
2 gousses d'ail hachées finement
2 c. à soupe de persil
1 boîte de tomates égouttées
½ c. à thé de sucre blanc
¼ tasse de vin blanc
3 c. à soupe de beurre
Sel et poivre au goût

Préparation

1. Faire tremper le pain dans le lait. Exprimer le surplus de lait.

2. Mélanger le boeuf, la mie de pain, le cumin, l'ail, le persil, le sel et le poivre. Former des saucisses.

3. Mettre les saucisses dans un plat allant au four et cuire à 375° F pendant 20 minutes. Au bout de 10 minutes retourner les saucisses et cuire 10 autres minutes.

4. Faire fondre le beurre. Ajouter les tomates, le sucre, le vin, le sel et le poivre. Faire mijoter pendant 20 minutes.

5. Retirer les saucisses du four, mettre dans un plat de service et verser la sauce tomate sur le tout.

BOULETTES À LA MENTHE DE SAID

Pour 4 à 6 personnes
Coût: $$

Préparation: 20 minutes
(il faut laisser reposer
2 heures)
Cuisson: 10 minutes

Ingrédients

1½ lb de boeuf haché
1 oignon haché finement
1 gousse d'ail hachée
2 tranches de pain en dés
¼ tasse de lait
1 oeuf
3 c. à soupe de persil haché
3 c. à soupe de menthe fraîche hachée
1 c. à thé de coriandre
3 c. à soupe de vin rouge
3 c. à soupe de farine
½ tasse d'huile
Sel et poivre au goût

Préparation

1. Faire tremper le pain dans le lait. Exprimer le surplus de lait.

2. Mélanger le boeuf, l'oignon, l'ail, la mie de pain, l'oeuf, le persil, la menthe, le vin, la coriandre, le sel et le poivre.

3. Laisser reposer au réfrigérateur pendant au moins 2 heures.

4. Façonner en petites boulettes de la taille d'un 25 sous et rouler dans la farine.

5. Faire chauffer l'huile et faire frire les boulettes de tous côtés.

LES CASSEROLES

BOEUF AUX LÉGUMES

Pour 4 personnes
Coût: $

Préparation: 20 minutes
Cuisson: 20 minutes

Ingrédients

1 lb de boeuf haché
1 oignon émincé
½ tasse de haricots verts cuits
½ tasse de haricots jaunes cuits
½ tasse de carottes en dés cuites
3 grosses pommes de terre en purée
2 tasses de sauce brune
2 c. à soupe de beurre
Sel et poivre au goût

Préparation

1. Faire fondre le beurre et faire revenir l'oignon. Ajouter le boeuf. Saler et poivrer. Faire cuire.

2. Ajouter les haricots verts, les haricots jaunes, les carottes et la sauce brune. Brasser.

3. Transvider dans un plat allant au four et couvrir de pommes de terre en purée.

4. Mettre au four à 350° F pendant 20 minutes.

LE CHOP SUEY DE FLO

Pour 4 à 6 personnes
Coût: $

Préparation: 10 minutes
Cuisson: 20 minutes

Ingrédients

1 lb de boeuf haché
1 oignon haché
1 poivron vert haché
2 branches de céleri coupées en dés
8 onces de fèves germées
2 c. à soupe de sauce soya
2 c. à soupe de graisse ou de beurre

Préparation

1. Faire revenir l'oignon, le poivron et le céleri dans la graisse ou le beurre.

2. Ajouter le boeuf haché. Saler (peu) et poivrer. Faire cuire.

3. Ajouter les fèves germées et la sauce soya. Couvrir et laisser mijoter jusqu'à ce que les fèves soient tendres.

TIMBALES AU BOEUF

Pour 6 personnes
Coût: $$

Préparation: 15 minutes
Cuisson: 10 minutes

Ingrédients

1 lb de boeuf haché
1 oignon haché finement
1 poivron vert haché finement
5 champignons hachés finement
2 c. à soupe de farine
1 boîte de crème de champignons
1 c. à thé de thym
6 timbales
2 c. à soupe de beurre
Sel et poivre au goût

Préparation

1. Faire fondre le beurre et faire revenir l'oignon, le poivron et les champignons. Ajouter le boeuf. Faire cuire. Saler et poivrer.

2. Ajouter la farine et le thym et bien mélanger.

3. Verser la crème de champignons et laisser mijoter 10 minutes.

4. Réchauffer les timbales au four. Retirer et napper de sauce.

LA CASSEROLE DU ROMAIN

Pour 4 personnes
Coût : $

Préparation : 10 minutes
Cuisson : 25 minutes

Ingrédients

1 lb de boeuf haché
4 gros poivrons verts en lamelles
1 gros oignon en rondelles
2 gousses d'ail hachées
1 boîte de tomates italiennes broyées
2 c. à soupe de persil
1 c. à thé de basilic
1 c. à thé de sucre
3 c. à soupe d'huile d'olive
Sel et poivre au goût

Préparation

1. Faire revenir l'oignon et les poivrons dans 2 c. à soupe d'huile.

2. Ajouter le boeuf et faire cuire. Saler et poivrer.

3. Ajouter les tomates, le persil, l'ail, le basilic et le sucre.

4. Couvrir et laisser mijoter pendant 25 minutes.

5. Avant de servir, ajouter 1 c. à soupe d'huile d'olive.

CASSEROLE AU CHOU ROUGE

Pour 4 à 6 personnes
Coût: $

Préparation: 15 minutes
Cuisson: 45 minutes

Ingrédients

1 lb de boeuf haché
1 oignon émincé
1 petit chou rouge émincé
1 boîte de sauce aux tomates
1 c. à thé de thym
2 tasses de riz cuit
2 c. à soupe d'huile
Sel et poivre au goût

Préparation

1. Faire revenir l'oignon et le chou dans l'huile.

2. Enlever l'oignon et le chou et faire dorer le boeuf. Ajouter la sauce aux tomates et le thym. Saler et poivrer.

3. Mettre 1 c. à soupe d'huile dans un plat allant au four et alterner une couche de chou, de sauce à la viande et de riz en terminant avec le riz. Presser un peu.

4. Recouvrir et mettre au four à 350° F pendant 45 minutes.

CASSEROLE DE MACARONI

Pour 4 à 6 personnes
Coût: $$

Préparation: 25 minutes
Cuisson: 20 minutes

Ingrédients

1 lb de boeuf haché
1 gros oignon émincé
1 boîte de tomates italiennes
1 c. à thé de basilic
1 c. à thé d'origan
1 c. à thé de sucre
1½ tasse de cheddar râpé
1 tasse de macaroni cuit
2 c. à soupe d'huile d'olive
Sel et poivre au goût

Préparation

1. Faire revenir l'oignon dans l'huile. Ajouter les tomates, le basilic, l'origan et le sucre. Saler et poivrer. Laisser mijoter pendant 15 minutes.

2. Ajouter le boeuf haché et faire cuire.

3. Mélanger la sauce avec le fromage et le macaroni.

4. Mettre au four à 350° F pendant 20 minutes.

BOEUF PARMENTIER À L'ITALIENNE

Pour 4 à 6 personnes
Coût: $

Préparation: 20 minutes
Cuisson: 50 minutes

Ingrédients

1 oignon
1 lb de boeuf haché
5 pommes de terre
1 boîte de tomates italiennes
3 c. à table de persil
1 c. à thé de basilic
1 c. à thé d'origan
2 c. à soupe d'huile d'olive
Sel et poivre au goût

Préparation

1. Faire revenir l'oignon dans l'huile à feu doux.
2. Ajouter le boeuf.
3. Mettre le boeuf et l'oignon dans un plat allant au four et bien étaler.
4. Peler et trancher les pommes de terre finement.
5. Étaler les pommes de terre sur la viande en ajoutant du sel et du poivre entre chaque couche.
6. Faire le mélange tomates, persil, origan, basilic et verser sur les pommes de terre.
7. Couvrir et mettre au four à 350° F pendant 20 minutes.
8. Découvrir et cuire encore 30 minutes ou jusqu'à ce que les pommes de terre soient cuites et dorées.
9. Décorer le plat de persil frais et servir avec du pain à l'ail.

CASSEROLE DU LUNDI

Pour 4 personnes
Coût: $

Préparation: 20 minutes
Cuisson: 15 minutes

Ingrédients

1 lb de boeuf haché
2 tasses de sauce brune
1 oignon vert émincé
1 poivron vert émincé
8 onces de haricots verts
8 onces de champignons tranchés
2 c. à soupe de sauce soya

Préparation

1. Mettre le boeuf et la sauce brune dans une casserole, couvrir et faire cuire.

2. Ajouter l'oignon, le poivron, les champignons, les haricots et la sauce soya.

3. Faire cuire environ 10 minutes ou jusqu'à ce que les légumes soient à point.

4. Servir avec une salade de tomates.

CASSEROLE CARI-CARI

Pour 4 personnes
Coût: $

Préparation: 10 minutes
Cuisson: 15 minutes

Ingrédients

1½ tasse de lentilles brunes cuites
1 lb de boeuf haché
2 tasses de sauce brune
3 c. à thé de cari
1 c. à thé de paprika
3 échalotes hachées finement
4 tomates coupées en dés
Sel et poivre au goût

Préparation

1. Cuire le boeuf dans la sauce brune à feu doux.
2. Rincer les lentilles et bien les égoutter.
3. Ajouter les lentilles, le cari, le paprika, les échalotes et les tomates.
4. Cuire lentement jusqu'à ce que les légumes soient à point.
5. Décorer de tomates fraîches et de persil et servir.

CASSEROLE D'AUTOMNE

Pour 4 personnes
Coût: $

Préparation: 15 minutes
Cuisson: 25 minutes

Ingrédients

1 oignon émincé
1 lb de boeuf haché
1 tasse de bouillon de boeuf
2 c. à soupe de pâte de tomates
1 tasse de haricots jaunes cuits
1 tasse de haricots verts cuits
3 tasses de purée de pommes de terre
3 c. à soupe de beurre
½ c. à thé de thym
Sel et poivre au goût

Préparation

1. Faire fondre 2 c. à soupe de beurre et faire revenir l'oignon.
2. Ajouter le boeuf et le thym et faire cuire. Saler et poivrer.
3. Ajouter le bouillon et la pâte de tomates. Brasser et laisser mijoter quelques minutes.
4. Ajouter les haricots jaunes et verts. Brasser.
5. Mettre le tout dans un plat allant au four.
6. Étaler la purée de pommes de terre sur le mélange. Parsemer de noisettes de beurre.
7. Mettre au four à 375° F pendant 25 minutes.

PÂTÉ CHINOIS TATOU

Pour 4 à 6 personnes
Coût : $

Préparation : 15 minutes
Cuisson : 30 minutes

Ingrédients

1 lb de boeuf haché
1 oignon émincé
1 poivron vert émincé
1 c. à thé de thym
1 c. à thé de basilic
½ c. à thé de sel de céleri
2 tasses de maïs en crème
3 c. à soupe de chapelure
2 carottes cuites coupées en rondelles
2 c. à soupe de beurre
Sel et poivre au goût

Préparation

1. Faire fondre le beurre et faire revenir l'oignon et le poivron.
2. Ajouter le boeuf, le thym, le basilic, le sel de céleri et faire cuire. Saler et poivrer.
3. Ajouter le maïs en crème. Mélanger.
4. Verser le mélange dans un plat allant au four.
5. Recouvrir de chapelure et décorer avec des rondelles de carottes cuites.
6. Mettre au four à 375° F pendant 30 minutes.

BOEUF HACHÉ AU GRATIN

Pour 4 personnes
Coût: $

Préparation: 10 minutes
Cuisson: 30 minutes

Ingrédients

1 lb de boeuf haché
1 oignon haché
1 boîte de sauce tomate
2 grosses pommes de terre en purée
¾ tasse de gruyère
2 c. à soupe de beurre
Sel et poivre au goût

Préparation

1. Faire fondre le beurre et faire revenir l'oignon.

2. Ajouter la viande et faire cuire. Saler et poivrer.

3. Mettre dans une casserole beurrée. Recouvrir de sauce tomate et de la purée de pommes de terre.

4. Parsemer de gruyère et de noisettes de beurre.

5. Mettre au four à 350° F pendant 30 minutes.

CASSEROLE DE BOEUF AUX POIREAUX

Pour 4 à 6 personnes
Coût: $

Préparation: 10 minutes
Cuisson: 30 minutes

Ingrédients

1 lb de boeuf haché
3 tasses de riz brun cuit
1 boîte de crème de poireau
¼ tasse de sauce soya
2 c. à soupe de beurre

Préparation

1. Faire fondre le beurre et faire cuire le boeuf.

2. Mélanger tous les ingrédients et placer dans un plat beurré allant au four.

3. Mettre au four à 350° F pendant 30 minutes.

LA CASSEROLE DU «SOMBRERO»

Pour 4 personnes
Coût: $

Préparation: 10 minutes
Cuisson: 20 minutes

Ingrédients

1 lb de boeuf haché
1 oignon haché
1 boîte de fèves de Lima
1 tasse de sauce tomate
4 gouttes de tabasco
1 c. à soupe de poudre Chili
2 c. à soupe de beurre
Sel et poivre au goût

Préparation

1. Faire fondre le beurre et faire revenir l'oignon.

2. Ajouter la viande et faire cuire. Saler et poivrer.

3. Ajouter les fèves de Lima égouttées, la sauce tomate, le tabasco et la poudre Chili.

4. Amener à ébullition et réduire à feu doux. Cuire 20 minutes.

PâTÉ CHINOIS SANS FAÇON

Pour 4 personnes
Coût: $

Préparation: 10 minutes
Cuisson: 15 minutes

Ingrédients

1 lb de boeuf haché
1 oignon haché finement
1 boîte de maïs en crème
4 grosses pommes de terre en purée
2 c. à soupe de beurre
Sel et poivre au goût

Préparation

1. Faire fondre le beurre et faire revenir l'oignon. Ajouter le boeuf et faire cuire. Saler et poivrer.

2. Mettre dans un plat allant au four.

3. Recouvrir du maïs en crème et de la purée de pommes de terre. Parsemer de noisettes de beurre.

4. Mettre au four à 350° F pendant 15 minutes.

CASSEROLE DE RIZ ET DE BOEUF

Pour 4 personnes
Coût: $

Préparation: 15 minutes
Cuisson: 10 minutes

Ingrédients

1 lb de boeuf
2 tasses de riz cuit
1 oignon émincé
1 poivron vert en lamelles
1 tasse de pois verts congelés
1 c. à thé de thym
1 c. à soupe de sauce soya
2 c. à soupe d'huile

Préparation

1. Faire revenir l'oignon et le poivron dans l'huile. Ajouter le boeuf et faire cuire.

2. Ajouter le riz, les pois, le thym et la sauce soya. Bien mélanger et servir immédiatement.

M OUSSAKA

Pour 6 à 8 personnes **Préparation: 25 minutes**
Coût: $$ **Cuisson: 40 minutes**

Ingrédients

2 lb de boeuf haché
1 grosse aubergine
1 oignon haché finement
3 c. à soupe de persil
½ c. à thé de cannelle
1 boîte de pâte de tomates
¾ tasse de vin blanc sec
3 oeufs
1 tasse de yogourt nature
¼ tasse d'huile d'olive
Sel et poivre au goût

Préparation

1. Couper l'aubergine en tranches et faire dégorger.

2. Faire chauffer 2 c. à soupe d'huile et faire frire les tranches d'aubergine. Retirer et éponger.

3. Dans la même casserole, faire cuire l'oignon et le boeuf.

4. Ajouter la pâte de tomates, le persil, la cannelle, le vin, le sel et le poivre. Faire mijoter pendant 10 minutes.

5. Tapisser d'aubergines le fond d'un plat allant au four. Recouvrir de viande et d'une autre couche d'aubergines.

6. Battre les oeufs avec le yogourt et napper. Parsemer de noisettes de beurre.

7. Mettre au four à 350° F pendant 40 minutes.

CHILI CON CARNE

Pour 6 personnes
Coût: $

Préparation: 15 minutes
Cuisson: 30 minutes

Ingrédients

2 lb de boeuf haché
2 oignons hachés
6 grosses tomates (de préférence vertes) coupées en dés
1 boîte de fèves rouges
2 gousses d'ail hachées
1 c. à soupe de poudre Chili
2 c. à soupe d'huile
1 c. à soupe de vinaigre de vin
Sel et poivre au goût

Préparation

1. Faire chauffer l'huile et faire revenir l'oignon. Ajouter le boeuf et faire cuire.

2. Ajouter tous les autres ingrédients et laisser mijoter pendant 30 minutes. Ajouter de l'eau au besoin.

FRICOT DE MAMAN

Pour 4 à 6 personnes
Coût: $

Préparation: 10 minutes
Cuisson: 20 minutes

Ingrédients

1 lb de boeuf haché
4 pommes de terre coupées en cubes
2 oignons hachés
2 branches de céleri coupé en dés
2 carottes coupées en rondelles
Sel et poivre au goût

Préparation

1. Faire bouillir les cubes de pommes de terre dans l'eau salée.
2. Ajouter le boeuf, les oignons, le céleri et les carottes. Saler et poivrer.
3. Couvrir et laisser mijoter pendant 20 minutes.

LES FARCIS

TOMATES FARCIES

Pour 6 personnes
Coût : $

Préparation : 15 minutes
Cuisson : 45 minutes

Ingrédients

½ lb de boeuf haché
6 grosses tomates fraîches
1 oignon haché finement
4 champignons hachés finement
½ c. à thé de thym
1 c. à thé de sucre
1 oeuf
½ tasse de chapelure
2 c. à soupe d'huile d'olive
Sel et poivre au goût

Préparation

1. Vider les tomates et les mettre de côté.

2. Faire revenir l'oignon et les champignons dans l'huile.

3. Ajouter la pulpe de tomates, le thym et le sucre. Saler et poivrer. Laisser mijoter pendant 10 minutes.

4. Mélanger le boeuf, l'oeuf, la moitié de la chapelure et la sauce tomate.

5. Farcir chaque tomate de ce mélange.

6. Saupoudrer de chapelure et parsemer de noisettes de beurre.

7. Mettre au four à 400° F pendant 45 minutes.

8. Servir avec un riz persillé.

PIMENTS FARCIS DES MOINES

Pour 4 personnes
Coût: $

Préparation: 15 minutes
Cuisson: 1 heure

Ingrédients

¾ lb de boeuf haché
½ tasse de lait
¾ tasse de mie de pain
1 oignon haché finement
½ c. à thé de thym
½ c. à thé de sarriette
4 piments doux
1 boîte de sauce tomate
Sel et poivre au goût

Préparation

1. Faire tremper la mie de pain dans le lait pendant 5 minutes.

2. Préparer la farce en mélangeant le boeuf, la mie de pain, l'oignon, le thym et la sarriette. Saler et poivrer.

3. Couper la tête des piments et les farcir. Remettre la calotte.

4. Napper de sauce tomate. Couvrir et mettre au four à 350° F pendant 1 heure.

PIMENTS FARCIS AU GRATIN

Pour 4 personnes
Coût: $$

Préparation: 15 minutes
Cuisson: 1 heure

Ingrédients

¾ lb de boeuf haché
1 tasse de riz cuit
1 oignon haché
1 oeuf
2 gousses d'ail hachées
½ c. à thé de thym
4 piments doux
1 tasse de fromage cheddar râpé
Sel et poivre au goût

Préparation

1. Préparer la farce en mélangeant parfaitement le boeuf, le riz, l'oignon, l'ail, le thym et l'oeuf. Saler et poivrer.

2. Farcir les piments et recouvrir de cheddar.

3. Couvrir et mettre au four à 375° F pendant 45 minutes.

4. Découvrir et mettre au four à 400° F pendant 10-15 minutes ou jusqu'à ce que le fromage soit doré.

CIGARES AU CHOU

Pour 4 à 6 personnes
Coût: $

Préparation: 40 minutes
Cuisson: environ 1 heure

Ingrédients

1 lb de boeuf haché
10 grandes feuilles de chou
½ tasse de riz cuit
1 oignon haché finement
1 oeuf
1 c. à thé de persil
½ c. à thé de thym
½ c. à thé de basilic
1 boîte de tomates broyées
¼ tasse de jus d'orange
le zeste d'une orange
1 c. à thé de menthe
1 c. à soupe de sucre
Sel et poivre au goût

Préparation

1. Cuire les feuilles de chou à l'eau bouillante de façon à ce qu'elles soient maniables.

2. Mélanger le boeuf, le riz, l'oignon, l'oeuf, le persil, le thym, le basilic. Saler et poivrer.

3. Farcir et rouler les feuilles de chou, et faire tenir à l'aide d'un cure-dents.

4. Mettre les tomates, le jus d'orange, le zeste d'orange, la menthe et le sucre dans une grande casserole.

5. Ajouter les cigares dans la sauce et faire cuire à feu moyen pendant 1 heure.

6. Servir sur un nid de riz ou avec des pommes de terre bouillies.

COURGETTES FARCIES AU BOEUF

Pour 4 personnes
Coût: $$

Préparation: 20 minutes
Cuisson: 30 minutes

Ingrédients

1 lb de boeuf haché
1 grosse courgette
1 oignon haché finement
1 c. à thé de thym
1 boîte de tomates italiennes broyées
1 tasse de gruyère râpé
½ tasse de parmesan
2 c. à soupe d'huile d'olive
Sel et poivre au goût

Préparation

1. Faire cuire la courgette entière dans une pinte d'eau bouillante.

2. Retirer de l'eau et couper la courgette dans le sens de la longueur.

3. À l'aide d'une cuillère, vider l'intérieur de la courgette.

4. Faire revenir l'oignon dans l'huile d'olive. Ajouter le boeuf haché, le thym, les tomates et la chair de courgette. Saler et poivrer. Laisser mijoter 15 minutes.

5. Farcir les 2 moitiés de courgette de ce mélange. Parsemer de gruyère, de parmesan et de quelques noisettes de beurre.

6. Mettre au four à 350° F pendant 30 minutes.

OIGNONS FARCIS

Pour 4 à 6 personnes
Coût : $

Préparation : 30 minutes
Cuisson : 30 minutes

Ingrédients

¾ lb de boeuf haché
4 gros oignons entiers
½ tasse de purée de pommes de terre
4 c. à soupe de chapelure
1 oeuf
1 c. à soupe de persil haché
2 c. à soupe de beurre

Préparation

1. Faire cuire les oignons dans l'eau bouillante jusqu'à ce qu'ils soient tendres. Retirer et détacher les feuilles.

2. Mélanger le boeuf, la purée de pommes de terre, 2 c. à soupe de chapelure, le persil et l'oeuf.

3. Partager la farce sur les feuilles d'oignons et procéder comme pour les cigares au chou.

4. Mettre côte à côte dans un plat allant au four, parsemer de noisettes de beurre et saupoudrer de 2 c. à soupe de chapelure.

5. Mettre au four à 375° F pendant 30 minutes.

CHOUX FARCIS AUX CANNEBERGES

Pour 4 à 6 personnes   **Préparation : 25 minutes**
Coût : $ **Cuisson : 1 heure**

Ingrédients

1 lb de boeuf haché
1 gros chou vert
1 oignon haché finement
1 tasse de chapelure
2 oeufs
1 boîte de canneberges
3 c. à soupe de beurre
Sel et poivre au goût

Préparation

1. Faire cuire le chou dans l'eau bouillante.

2. Retirer le chou et détacher les feuilles.

3. Mélanger le boeuf, l'oignon, la chapelure, les oeufs. Saler et poivrer.

4. Farcir les choux et rouler.

5. Placer les choux farcis côte à côte dans un plat allant au four. Parsemer de noisettes de beurre. Ajouter ¾ tasse d'eau.

6. Mettre au four à 350° F pendant 1 heure.

7. Servir avec la sauce aux canneberges.

CRÊPES AU BOEUF HACHÉ

Pour 4 personnes
Coût: $$

Préparation: 25 minutes
Cuisson: 10 minutes

Ingrédients

1 recette de pâte à crêpes de votre choix
1 lb de boeuf haché
1 oignon haché finement
1 gousse d'ail hachée
1 c. à soupe de persil
1 c. à thé de thym
1 c. à thé de basilic
2 tasses de sauce blanche épaisse
1 tasse de gruyère râpé
2 c. à soupe de beurre
Sel et poivre au goût

Préparation

1. Faire fondre le beurre et faire revenir l'oignon, l'ail et le persil. Ajouter la viande et faire cuire pendant 5 minutes.

2. Mélanger la viande, le thym, le basilic et la moitié de la sauce blanche. Passer au batteur électrique pendant 1 minute. Saler et poivrer.

3. Farcir les crêpes avec le mélange et rouler.

4. Placer les crêpes dans un plat allant au four et napper de sauce blanche.

5. Parsemer de gruyère et mettre au four à 350° F pendant 10 minutes.

CRÊPES AU BOEUF DE JOANNA

Pour 6 personnes
Coût: $

Préparation: 30 minutes
Cuisson: 10 minutes

Ingrédients

2 lb de boeuf haché (demander au boucher de le passer
   2 ou 3 fois au moulin)
1 recette de pâte à crêpes de votre choix
8 champignons hachés finement
2 tasses de mie de pain blanc en dés
⅓ tasse de lait
1 c. à soupe de beurre
1 c. à thé de fines herbes
2 tasses de sauce blanche liquide
Sel et poivre au goût

Préparation

1. Faire tremper la mie de pain dans le lait pendant 10 minutes. Enlever le surplus de lait.

2. Faire des crêpes de 6 pouces de diamètre et mettre de côté sur du papier ciré.

3. Faire fondre le beurre et y faire revenir les champignons.

4. Mélanger le boeuf, les champignons, la mie de pain, les fines herbes. Saler et poivrer.

5. Partager la farce dans les crêpes et rouler.

6. Mettre dans un plat allant au four et napper de sauce blanche.

7. Mettre au four à 375° F pendant 10 minutes.

BOEUF EN ROBE DES CHAMPS

Pour 6 personnes
Coût: $

Préparation: 15 minutes
(plus 1 heure pour cuire les
pommes de terre au four)
Cuisson: 25 minutes

Ingrédients

1½ lb de boeuf haché
6 grosses pommes de terre brossées
¾ tasse de crème sure commerciale
2 c. à soupe de persil
2 c. à soupe d'échalotes hachées
2 c. à soupe de beurre
1 c. à soupe de paprika
Sel et poivre au goût

Préparation

1. Faire cuire les pommes de terre entières au four à 400° F
   jusqu'à ce qu'elles soient tendres.

2. Faire fondre le beurre et faire cuire le boeuf. Saler et poivrer.

3. Couper les pommes de terre en deux, les vider et mélanger la
   chair de pommes de terre, la crème sure, le persil et les
   échalotes. Battre au malaxeur électrique. Saler et poivrer.

4. Mettre la viande dans les pelures de pommes de terre et
   ajouter la purée de pommes de terre. Saupoudrer de paprika.

5. Mettre au four à 375° F pendant 25 minutes.

LES HAMBURGERS
ET LES SANDWICHES

HAMBURGERS AUX CHAMPIGNONS

Pour 4 personnes
Coût: $

Préparation: 10 minutes
Cuisson: 10 à 15 minutes

Ingrédients

1 lb de boeuf haché
1 oignon haché
1 gousse d'ail hachée
4 champignons hachés
4 c. à soupe de parmesan
4 feuilles de laitue
4 pains à hamburger
2 c. à soupe de beurre
Sel et poivre au goût

Préparation

1. Faire fondre le beurre. Faire revenir l'oignon, l'ail et les champignons.
2. Ajouter à la viande l'oignon, l'ail, les champignons et le parmesan. Bien incorporer et façonner en 4 galettes.
3. Faire cuire les galettes.
4. Placer une feuille de laitue dans chaque pain beurré et ajouter une galette.
5. Servir chaud avec un plat de crudités.

HOT HAMBURGERS

Pour 4 personnes
Coût : $

Préparation : 10 minutes
Cuisson : 10 minutes

Ingrédients

1 lb de boeuf haché
1 oignon haché
1 oeuf
¼ tasse de chapelure
4 gouttes de tabasco
1 c. à thé de hot chutney
1 c. à thé de moutarde sèche
4 pains à hamburger
2 c. à soupe de beurre
Sel et poivre au goût

Préparation

1. Faire fondre le beurre et faire revenir l'oignon.
2. Incorporer à la viande l'oignon cuit, l'oeuf, la chapelure, la moutarde sèche, le chutney et le tabasco. Saler et poivrer.
3. Bien mélanger et en façonner 4 galettes.
4. Faire cuire les galettes de 8 à 10 minutes ou selon les préférences.
5. Beurrer les pains à hamburger et faire griller.
6. Placer les galettes dans les pains et servir immédiatement.

Hamburgers à trois étages

Pour 4 personnes
Coût: $$

Préparation: 20 minutes
Cuisson: 20 minutes

Ingrédients

1 lb de boeuf haché
1 oeuf
¼ tasse de chapelure
3 c. à soupe de mayonnaise
2 c. à soupe de relish
2 c. à soupe de ketchup
4 rondelles d'oignon
4 tranches de fromage cheddar doux
4 pains à hamburger
2 c. à soupe de beurre
Sel et poivre au goût

Préparation

1. Mélanger le boeuf, l'oeuf, la chapelure. Saler et poivrer.

2. Façonner 8 galettes.

3. Badigeonner 4 galettes de mayonnaise, de relish et de ketchup. Placer une tranche d'oignon et une tranche de fromage et recouvrir d'une autre galette de viande.

4. Faire fondre le beurre et cuire les galettes étagées 10 minutes de chaque côté.

5. Placer dans 4 pains à hamburger beurrés et servir immédiatement.

Steak Tartare

Pour 4 personnes
Coût: $$

Préparation: 10 minutes
Cuisson: 0

Ingrédients

1 lb de boeuf haché (filet ou faux filet)
4 jaunes d'oeufs
4 c. à soupe de câpres
4 c. à soupe d'oignon haché
1 boîte d'anchois
Poivre noir
Sel
4 tranches de pain

Préparation

1. Former 4 pâtés de viande et les disposer dans des assiettes individuelles.

2. Former un nid dans chaque pâté et y mettre un jaune d'oeuf.

3. Disposer joliment les câpres, les oignons, les anchois, le pain dans différentes assiettes.

4. Chaque personne se fait son propre steak.

SANDWICH «GRAND CRU»

Pour 6 personnes
Coût: $

Préparation: 5 minutes
Cuisson: 0

Ingrédients

1 lb de boeuf haché maigre
6 petits oeufs
1 oignon haché finement
Poivre noir
6 tranches de pain en rondelles

Préparation

1. Étendre le boeuf haché sur les tranches de pain.

2. Former un creux au centre en pressant avec le poing.

3. Casser un oeuf dans ce creux.

4. Poivrer abondamment.

5. Servir avec un plat d'oignons hachés.

TACO CHILIEN

Pour 4 à 6 personnes
Coût : $$

Préparation : 15 minutes
Cuisson : 10 minutes

Ingrédients

1 lb de boeuf haché
1 sachet d'assaisonnement Taco
vol-au-vent Taco
1 tasse de laitue hachée
⅔ tasse de tomates en dés
¼ tasse de poivron vert en dés
1 tasse de cheddar râpé
2 c. à soupe de beurre
Sel et poivre au goût

Préparation

1. Faire fondre le beurre et faire cuire le boeuf. Ajouter l'assaisonnement. Saler et poivrer.

2. Farcir les Tacos de viande et fourrer de laitue, de tomates, de poivron et de cheddar.

LE HAMBURGER SURPRISE

Pour 4 personnes
Coût: $

Préparation: 10 minutes
Cuisson: 15 minutes

Ingrédients

1½ lb de boeuf haché
1 c. à soupe de fenouil
4 champignons hachés très finement
½ tasse de carottes hachées très finement
2 c. à soupe de beurre
Sel et poivre au goût

Préparation

1. Mélanger le boeuf et le fenouil. Saler et poivrer.
2. Mélanger les champignons et les carottes.
3. Former 4 pâtés et insérer à l'intérieur de chacun le mélange de carottes et de champignons. Les carottes et les champignons doivent être complètement dissimulés.
4. faire fondre le beurre et faire cuire les pâtés.

LE «JACK IN THE BOX»

Pour 4 personnes
Coût: $$

Préparation: 10 minutes
Cuisson: 15 minutes

Ingrédients

1½ lb de boeuf haché
2 c. à soupe de persil
1 oignon finement haché
1 tasse de noix de Grenoble hachées
2 c. à soupe de beurre
Sel et poivre au goût

Préparation

1. Former 4 pâtés avec la viande. Saler et poivrer.
2. Insérer au centre de chacun un mélange d'oignons, de noix et de persil en prenant soin de ne pas mélanger à la viande.
3. Faire fondre le beurre et faire cuire les pâtés.

LE HAMBURGER HAUT-DE-FORME

Pour 4 personnes
Coût: $$$

Préparation: 10 minutes
Cuisson: 15 minutes

Ingrédients

1½ lb de boeuf haché
2 c. à soupe de parmesan
2 c. à soupe de petites câpres
2 c. à soupe de filets d'anchois hachés finement
2 c. à soupe d'olives dénoyautées hachées finement
2 c. à soupe de beurre
Sel et poivre au goût

Préparation

1. Mélanger le boeuf et le parmesan. Saler et poivrer.

2. Former 4 pâtés et insérer à l'intérieur de chacun les câpres, les anchois et les olives.

3. Faire fondre le beurre et faire cuire les pâtés.

EN CROÛTE

TARTELETTES

Pour 4 à 6 personnes
Coût: $

Préparation: 20 minutes
Cuisson: 40 minutes

Ingrédients

1 lb de boeuf haché
1 oignon haché finement
½ gousse d'ail hachée
1 tasse de cheddar doux râpé
½ c. à thé de thym
¼ tasse de mayonnaise
2 c. à soupe de persil
1 recette de pâte à tarte de votre choix
2 c. à soupe de beurre
Sel et poivre au goût

Préparation

1. Faire fondre le beurre et faire revenir l'oignon et l'ail. Ajouter la viande et faire cuire. Saler et poivrer.

2. Mélanger la viande, le fromage, le thym, le persil et la mayonnaise.

3. Étaler la pâte et la mettre dans de petits moules à tartelettes.

4. Mettre la viande dans les tartelettes et recouvrir de pâte.

5. Mettre au four à 350° F pendant 40 minutes ou jusqu'à ce que la pâte soit dorée.

Rouleau à pâte de Loulou

Pour 4 personnes
Coût : $

Préparation : 30 minutes
Cuisson : 15 minutes

Ingrédients

1 recette de pâte à tarte de votre choix
1 lb de boeuf haché
1 oignon haché finement
½ c. à thé de thym
½ tasse de sauce tomate
2 c. à soupe de beurre
Sel et poivre au goût

Préparation

1. Faire fondre le beurre et faire revenir l'oignon. Ajouter la viande et le thym et faire cuire. Saler et poivrer.

2. Ajouter la sauce tomate et refroidir.

3. Étaler la pâte à tarte en rectangle.

4. Étendre le mélange de viande sur la pâte et procéder comme pour un gâteau roulé.

5. Avec un pinceau, mettre du lait sur le rouleau.

6. Mettre au four à 400° F pendant 30 minutes ou jusqu'à ce que la pâte soit dorée.

TOURTIÈRE AU BOEUF

Pour 4 à 6 personnes
Coût : $

Préparation : 25 minutes
Cuisson : 1 heure

Ingrédients

1 lb de boeuf haché
1 oignon haché finement
1 gousse d'ail haché
½ c. à thé de sarriette
½ tasse d'eau
1 recette de pâte à tarte de votre choix
½ tasse de biscuits soda émiettés
Sel et poivre au goût

Préparation

1. Mettre le boeuf, l'oignon, l'ail, la sarriette et l'eau dans une casserole. Faire cuire doucement.

2. Rouler votre pâte à tarte. Recouvrir le fond d'un moule d'une abaisse et parsemer de biscuits soda émiettés.

3. Verser la viande dans le moule à tarte et recouvrir de la deuxième abaisse de tarte.

4. Mettre au four à 425° F pendant 1 heure ou jusqu'à ce que la pâte soit dorée.

M INCEMEAT ÉCOSSAIS

Pour 5 tartes
Coût: $$$

Préparation: 30 minutes
(en plus il faut laisser
reposer 2 semaines)
Cuisson: 35 minutes

Ingrédients

2 lb de boeuf haché
½ lb de suif coupé en dés
2 lb de raisins de Corinthe
1 lb de fruits confits mélangés
2 lb de cassonade
le zeste de 3 oranges et le zeste de 3 citrons
¾ tasse de mélasse
1 c. à thé de clous de girofle moulus
2 c. à thé de cannelle râpée
2 c. à thé de gingembre moulu
1 tasse de sherry

Préparation

1. Mettre le boeuf et le suif dans une casserole. Recouvrir d'eau et porter à ébullition. Réduire le feu et laisser mijoter pendant 15 minutes. Ajouter les ingrédients et laisser mijoter encore 20 minutes en remuant de temps en temps.

2. Mettre dans des pots stérilisés et garder au réfrigérateur. Laisser reposer pendant au moins 2 semaines avant de faire les tartes.

BOEUF HACHÉ EN PÂTE

Pour 6 personnes
Coût : $$

Préparation : 30 minutes
Cuisson : 45 minutes

Ingrédients

3 lb de boeuf haché
8 gros champignons hachés finement
2 c. à soupe de farine
2 oignons hachés finement
¼ tasse de persil haché
1 tasse de cheddar râpé
½ tasse de lait
1 recette de pâte à tarte de votre choix (2 croûtes)
1 oeuf
4 c. à soupe de beurre
Sel et poivre au goût

Préparation

1. Faire revenir les champignons dans le beurre fondu. Ajouter le boeuf haché et faire cuire.

2. Ajouter la farine et brasser. Saler et poivrer.

3. Transvider dans un grand bol. Ajouter les oignons, le persil, le fromage et le lait. Bien mélanger.

4. Rouler votre pâte sur une surface enfarinée de façon à former deux rectangles de 10 pouces de long sur 6 pouces de large approximativement.

5. Placer un rectangle de pâte dans un plat allant au four.

6. Mettre la viande sur ce rectangle de pâte et recouvrir du second rectangle de pâte. Fermer les bords.

7. Mélanger l'oeuf avec un peu de lait et en asperger la pâte. À l'aide d'une fourchette, presser les bords des deux rectangles de pâte. Piquer le dessus de la pâte à quelques endroits.

8. Mettre au four à 375° F pendant 45 minutes ou jusqu'à ce que la croûte soit dorée.

9. Servir en tranches avec de la crème sure.

LES PÂTES
ALIMENTAIRES

SAUCE À SPAGHETTI DE LUXE

Pour 6 personnes
Coût: $$

Préparation: 30 minutes
Cuisson: 1 heure 30

Ingrédients

1 lb de boeuf haché
1 tasse de jambon ou de saucisson coupé en dés
1 gousse d'ail hachée
1 oignon finement haché
1 grosse carotte râpée
½ tasse de vin de table rouge
1 boîte de tomates italiennes broyées
1 boîte de pâte de tomates italiennes
½ c. à thé de thym
¼ c. à thé de sel de céleri
½ c. à thé de basilic
½ c. à thé d'origan
1 c. à soupe de persil
1 feuille de laurier ou ¼ c. à thé de laurier moulu
3 c. à soupe d'huile d'olive
Sel et poivre au goût

Préparation

1. Faire revenir les carottes, l'ail et l'oignon dans l'huile.

2. Ajouter le boeuf et le jambon ou le saucisson. Faire cuire quelques instants.

3. Arroser de vin rouge.

4. Ajouter la boîte de tomates non égouttées, la pâte de tomates, le thym, le sel de céleri, le basilic, l'origan, le persil et le laurier. Saler et poivrer.

5. Couvrir et laisser mijoter pendant 1 heure 30 en vérifiant de temps en temps la consistance de la sauce. Ajouter un peu d'eau si nécessaire.

6. Servir avec des pâtes de votre choix.

SAUCE À LA VIANDE ET AU BACON

Pour 4 personnes
Coût: $$

Préparation: 20 minutes
Cuisson: 1 heure

Ingrédients

1 lb de boeuf haché
4 tranches de bacon maigre coupé en dés
8 champignons coupés en lamelles
1 carotte coupée en fines rondelles
1 oignon haché finement
1 branche de céleri coupé en dés
2 gousses d'ail hachées
¼ tasse de vin blanc
1 boîte de pâte de tomates
½ tasse de parmesan râpé
2 c. à soupe d'huile d'olive
Sel et poivre au goût

Préparation

1. Faire chauffer le bacon et l'huile. Ajouter les champignons, la carotte, l'oignon, le céleri et l'ail. Faire revenir.

2. Ajouter le boeuf et la pâte de tomates. Saler et poivrer.

3. Arroser de vin blanc et brasser.

4. Couvrir et laisser mijoter pendant 1 heure. Vérifier la consistance de la sauce de temps en temps. Ajouter un peu d'eau si nécessaire.

5. Servir avec les pâtes de votre choix et garnir de parmesan.

CASSEROLE DE PAPILLONS

Pour 4 à 6 personnes
Coût: $

Préparation: 10 minutes
Cuisson: 10 minutes

Ingrédients

1 lb de boeuf haché
½ lb de papillons (pâtes en forme de papillons) cuits et
égouttés
2 c. à thé de thym
1 oignon haché
8 champignons en lamelles
2 c. à soupe d'huile d'olive
Sel et poivre au goût

Préparation

1. Faire dorer l'oignon et les champignons dans l'huile. Ajouter le boeuf haché et le thym. Faire cuire.

2. Ajouter les papillons, saler et poivrer. Brasser et servir.

MACARONI ALLA FRANCESCO

Pour 6 à 8 personnes
Coût: $$

Préparation: 30 minutes
Cuisson: 40 minutes

Ingrédients

2 lb de boeuf haché
2 lb de macaroni
1 oignon haché
2 gousses d'ail hachées
1 boîte de tomates italiennes coupées en dés
½ tasse de vin blanc
2 c. à soupe de persil haché
4 tasses de sauce béchamel de votre choix
1 lb de gruyère râpé
2 c. à soupe de beurre
Sel et poivre au goût

Préparation

1. Faire fondre le beurre et faire cuire le boeuf avec les oignons. Ajouter l'ail, le persil, la boîte de tomates et le vin. Saler et poivrer. Couvrir et laisser mijoter pendant 15 minutes.

2. Faire cuire le macaroni dans l'eau bouillante salée.

3. Pendant que le macaroni cuit, préparer la sauce béchamel. Y ajouter la moitié du gruyère râpé.

4. Mettre le macaroni dans un grand plat allant au four. Napper de sauce à la viande et de sauce béchamel. Saupoudrer de gruyère.

5. Mettre au four à 350° F pendant 40 minutes.

LASAGNE

Pour 8 personnes
Coût: $$

Préparation: 1 heure 30
Cuisson: 45 minutes

Ingrédients

1 lb de boeuf haché
1 oignon haché
3 gousses d'ail hachées
1 boîte de tomates italiennes
1 boîte de pâte de tomates italiennes
1 c. à soupe de sucre
1 oeuf
2 c. à soupe de parmesan râpé
2 c. à soupe de persil haché
1 c. à thé d'origan
1 c. à thé de basilic
3 c. à soupe d'huile d'olive
Sel et poivre au goût

1 lb de lasagnes
1 lb de fromage cottage fouetté
1 lb de mozzarella râpé
½ tasse de parmesan râpé

Préparation

1. Faire revenir l'oignon et l'ail dans l'huile d'olive. Ajouter les tomates, la pâte de tomates et le sucre. Couvrir et faire mijoter pendant 10 minutes.

2. Pendant ce temps, mélanger le boeuf, l'oeuf, le parmesan, le persil, l'origan, le basilic, le sel et le poivre. Ajouter à la sauce de tomates et faire mijoter pendant 30 minutes supplémentaires.

3. Pendant ce temps, porter l'eau salée à ébullition et faire cuire les lasagnes selon les instructions données sur la boîte.

4. Mettre un peu d'huile dans un grand plat allant au four. Placer un rang de lasagnes égouttées. Recouvrir de fromage

cottage et de mozzarella. Napper de sauce à la viande et recommencer dans cet ordre jusqu'à ce qu'il n'y ait plus d'ingrédients.

5. Saupoudrer de parmesan, recouvrir et mettre au four à 350° F pendant 40 minutes. Découvrir et faire cuire encore 5 minutes.

6. Retirer du four, couper en carrés et servir.

COQUILLETTES À LA CRÈME

Pour 6 personnes
Coût: $$

Préparation: 15 minutes
Cuisson: 15 minutes

Ingrédients

1 lb de boeuf haché
1 oignon haché
2 c. à soupe de farine
1 tasse de crème 15 %
½ tasse de vin blanc
½ lb de cheddar râpé
½ lb de coquillettes cuites et égouttées
2 c. à soupe de beurre
Sel et poivre au goût

Préparation

1. Faire fondre le beurre et faire cuire l'oignon et le boeuf haché. Saupoudrer de farine. Saler et poivrer.

2. Ajouter la crème et le vin. Brasser jusqu'à ce que le liquide épaississe.

3. Ajouter le cheddar. Brasser à nouveau jusqu'à ce que la sauce soit homogène.

4. Ajouter les coquillettes et mélanger.

5. Mettre au four à 350° F pendant 15 minutes.

LES BROCHETTES

BROCHETTES MAROCAINES

Pour 6 personnes
Coût : $

Préparation : 10 minutes
(doit reposer pendant
2 heures)
Cuisson : 8 minutes

Ingrédients

1½ lb de boeuf haché
1 oignon haché finement
4 c. à soupe de persil plat finement haché
2 c. à soupe de coriandre
1 c. à thé de menthe fraîche ou séchée
1 c. à thé de cumin
Sel et poivre au goût

Préparation

1. Mélanger tous les ingrédients. Saler et poivrer.
2. Mettre au réfrigérateur pendant 2 heures.
3. Former des boulettes et les enfiler sur les brochettes.
4. Faire griller sur le hibachi ou au gril.

BROCHETTES ITALIENNES

Pour 4 à 6 personnes
Coût: $

Préparation: 20 minutes
Cuisson: 10 à 15 minutes

Ingrédients

1½ lb de boeuf haché
2 oeufs
¼ tasse de chapelure
2 c. à soupe de persil
le zeste d'un citron
¼ c. à thé d'origan
2 c. à soupe d'huile d'olive
½ lb de salami italien en morceaux
2 piments verts
1 oignon coupé en morceaux
Sel et poivre au goût

Préparation

1. Mélanger le boeuf, les oeufs, la chapelure, le persil, le zeste de citron, l'origan, le sel et le poivre.

2. Façonner des petits rouleaux.

3. Faire chauffer l'huile et faire dorer les rouleaux.

4. Enfiler les rouleaux sur des brochettes en alternant avec un morceau de salami, de poivron et d'oignon.

5. Faire cuire sur le hibachi.

LES LUXUEUSES

Un tête-à-tête... une petite réception...
ou quand le boeuf haché prend de grands airs...

SANDWICH AU CAVIAR

Pour 2 personnes
Coût: $$$

Préparation: 5 minutes
Cuisson: 0

Ingrédients

½ lb de boeuf haché maigre de première qualité
4 tranches de pain pumpernickle (ou de votre choix)
petit pot de caviar
Câpres
oignon haché très finement

Préparation

1. Étendre le boeuf sur les tranches de pain en pressant le centre de la viande de façon à former un creux.

2. Mettre le caviar dans ce creux ainsi formé. Parsemer de câpres et d'oignon.

3. Servir avec une Vodka russe froide.

PIZZA DU MIDI

Pour 4 à 6 personnes
Coût: $$

Préparation: 15 minutes
Cuisson: 30 minutes

Ingrédients

1 lb de boeuf haché
1 aubergine en tranches de ½ pouce
1 oignon finement haché
1 gousse d'ail hachée
1 c. à thé d'origan
1 tasse de gruyère râpé
10 petits filets d'anchois
6 olives noires en lamelles
2 c. à soupe d'huile d'olive
Sel et poivre au goût

Préparation

1. Couper l'aubergine en tranches et les faire dégorger avec du gros sel.
2. Faire frire l'oignon et l'ail dans l'huile.
3. Ajouter le boeuf haché et l'origan et faire cuire. Saler et poivrer.
4. Mettre la viande sur les tranches d'aubergine et parsemer de gruyère. Décorer d'anchois et d'olives.
5. Mettre au four à 350° F pendant 30 minutes.
6. Servir chaud avec une salade de tomates.

CROQUETTES AUX CÂPRES

Pour 6 personnes
Coût : $$

Préparation : 20 minutes
Cuisson : 15 minutes

Ingrédients

1 lb de boeuf haché
8 oeufs
1 oignon haché finement
1 c. à soupe de petites câpres
¼ tasse de crème 35 %
¼ tasse de betteraves cuites et hachées
3 c. à soupe de beurre
2 c. à soupe d'huile
Sel et poivre au goût

Préparation

1. Faire revenir l'oignon dans 1 c. à soupe de beurre.
2. Mélanger le boeuf, l'oignon, 2 oeufs, les câpres et 1 c. à thé de leur jus, la crème, les betteraves. Saler et poivrer.
3. Former 6 croquettes et frire dans l'huile.
4. Faire fondre 2 c. à soupe de beurre et y faire frire 6 oeufs.
5. Placer les oeufs frits sur chacune des croquettes.
6. Servir immédiatement.

BOEUF AU COGNAC

Pour 2 personnes
Coût : $$$

Préparation : 30 minutes
Cuisson : 3 heures

Ingrédients

1 lb de boeuf haché
¼ tasse de cognac
2 c. à soupe de beurre
Sel et poivre au goût
1 recette de pâte à tarte de votre choix

Préparation

1. Rouler votre pâte et faire une abaisse de ⅛ de pouce.

2. Prendre un plat à pudding, le renverser sur l'abaisse et découper un rond.

3. Rouler une autre abaisse de ⅛ de pouce et tapisser le fond du plat à pudding.

4. Faire fondre le beurre et faire cuire le boeuf. Saler et poivrer. Verser le cognac.

5. Couvrir le pudding du rond de pâte.

6. Couvrir le tout d'un linge à vaisselle et mettre dans une grande casserole d'eau.

7. Faire cuire à feu moyen pendant au moins 3 heures.

L E HAMBURGER AU ROQUEFORT

Pour 2 personnes
Coût : $$

Préparation : 5 minutes
Cuisson : 15 minutes

Ingrédients

¾ lb de boeuf haché
1 c. à soupe de persil haché
¼ lb de roquefort
2 c. à soupe de beurre
Sel et poivre au goût

Préparation

1. Mélanger le boeuf et le persil. Saler et poivrer.
2. Former deux pâtés et glisser à l'intérieur de chacun une tranche de roquefort de ¼ pouce d'épaisseur. Le fromage doit être complètement dissimulé.
3. Faire fondre le beurre et y faire cuire les deux pâtés.
4. Servir avec une salade César.

CROQUETTES AU VIN ROUGE

Pour 4 personnes
Coût : $$

Préparation : 20 minutes
(marinade de 3 heures)
Cuisson : 10 minutes

Ingrédients

1 lb de boeuf haché
¾ tasse de vin rouge de table
1 oignon émincé
Persil haché finement
2 gousses d'ail pressées
½ c. à thé de thym
½ c. à thé de sel de céleri
1 tasse de bouillon de boeuf commercial ou maison
4 tranches de pain
Beurre
Sel et poivre au goût

Préparation

1. Mettre le vin, l'oignon, le persil, l'ail, le thym et le sel de céleri dans un grand récipient (en terre cuite si possible).

2. Saler et poivrer la viande et façonner 4 croquettes de la grandeur de vos tranches de pain.

3. Déposer les croquettes dans le grand récipient et laisser mariner pendant 3 heures en prenant soin de retourner les croquettes toutes les demi-heures.

4. Retirer les croquettes du vin.

5. Transvider le vin dans une casserole et sur feu vif faire réduire.

6. Ajouter le bouillon au vin et faire chauffer.

7. Faire cuire les croquettes sur feu vif en retournant une seule fois. Cuire alors à feu moyen.

8. Beurrer le pain (on peut le griller).

9. Placer une croquette sur chaque tranche de pain.

10. Verser la sauce au vin.

11. Servir immédiatement. Les croquettes au vin sont délicieuses avec une simple salade verte.

LES EXOTIQUES

*Certaines personnes voyagent, elles ont de la chance.
D'autres sont aussi chanceuses, sans le savoir:
elles peuvent faire le tour du monde
autour de leur table...*

BOEUF MAROCAIN

Pour 4 à 6 personnes
Coût : $

Préparation : 25 minutes
Cuisson : 2 heures

Ingrédients

1 lb de boeuf haché
3 courgettes moyennes coupées en rondelles
1 boîte de pois chiches égouttés
2 tasses de mie de pain
½ tasse de lait
2 gousses d'ail hachées
½ c. à thé de paprika
½ c. à thé de coriandre
½ c. à thé de cumin
½ c. à thé de muscade
2 oeufs
2 oignons hachées
1 boîte de tomates
4 c. à soupe de farine
3 c. à soupe d'huile d'olive
Sel et poivre au goût

Préparation

1. Faire tremper la mie de pain dans le lait pendant 5 minutes.
2. Mettre ensemble le boeuf, l'ail, la mie de pain trempée, le paprika, la coriandre, le cumin, la muscade et 1 oeuf. Saler et poivrer. Bien mélanger.
3. Former les boulettes. Les rouler dans la farine et dans l'autre oeuf légèrement battu.
4. Faire dorer les boulettes dans l'huile chaude.
5. Ajouter la boîte de tomates et les oignons hachés. Saler et poivrer.
6. Dans une grande marmite, mettre les pois chiches, les courgettes taillées en rondelles et les boulettes avec la sauce tomate.
7. Recouvrir et mettre au four à 350° F pendant 2 heures.

SAUCISSONS DE BOEUF TCHÈQUES

Pour 4 personnes
Coût: $

Préparation: 5 minutes
Cuisson: 5 minutes

Ingrédients

1 lb de boeuf haché
4 gousses d'ail hachées
1 oeuf
1 c. à thé de marjolaine
4 c. à soupe de graisse
Sel et poivre au goût

Préparation

1. Mélanger parfaitement tous les ingrédients et façonner en petits cylindres.

2. Faire frire les saucissons dans la graisse fondue. Éponger et servir.

PAPAYES FARCIES À LA JAMAÏCAINE

Pour 4 à 6 personnes
Coût: $$

Préparation: 10 minutes
Cuisson: 1 heure

Ingrédients

1 lb de boeuf haché
1 oignon haché finement
2 gousses d'ail hachées finement
1 boîte de tomates broyées
1 c. à thé de poudre Chili
1 papaye de 5 à 6 lb ou plusieurs papayes plus petites
4 c. à soupe de parmesan
2 c. à soupe d'huile d'olive
Sel et poivre au goût

Préparation

1. Faire revenir l'oignon et l'ail dans l'huile. Ajouter le boeuf. Saler et poivrer. Faire cuire.

2. Ajouter les tomates et la poudre Chili. Faire mijoter.

3. Couper la (les) papaye(s) en deux, enlever un peu de pulpe et farcir du mélange de viande.

4. Parsemer de fromage parmesan et mettre au four à 350° F pendant 1 heure.

PIMENTS FARCIS DU CHILI

Pour 6 à 8 personnes
Coût: $$

Préparation: 30 minutes
Cuisson: 20 minutes

Ingrédients

2 lb de boeuf haché
6 à 8 piments verts
2 oignons hachés finement
1 gousse d'ail hachée
4 tomates coupées en dés
⅓ tasse d'amandes blanches coupées en lamelles
½ tasse de raisins secs
4 c. à soupe de vinaigre
1½ c. à thé de cannelle
1 c. à thé de sucre
2 c. à soupe de graisse végétale
2 tasses de crème 35 %
1 tasse d'amandes blanches broyées
2 c. à soupe de persil plat finement haché
½ c. à thé de cannelle
Sel et poivre au goût

Préparation

1. Faire cuire les piments à l'eau bouillante ou au four jusqu'à ce qu'ils soient tendres mais encore fermes. Enlever les calottes.

2. Faire revenir le boeuf dans la graisse fondue. Ajouter les oignons et l'ail. Faire cuire.

3. Ajouter les tomates, les amandes, les raisins, le vinaigre, le sucre et la cannelle. Saler et poivrer. Laisser mijoter 15 minutes.

4. Fouetter la crème au malaxeur électrique jusqu'à ce qu'elle soit bien épaisse. Ajouter les amandes, le persil et la cannelle.

5. Farcir les piments du mélange de viande et ajouter la crème fouettée sur le dessus de chacun avant de servir.

LA FRICASSÉE DE SANCHEZ

Pour 4 à 6 personnes
Coût: $ $

Préparation: 10 minutes
Cuisson: 10 minutes

Ingrédients

1½ lb de boeuf haché
1 gros oignon émincé
1 gousse d'ail hachée
1 boîte de tomates
2 pommes rouges coupées en dés
1½ c. à soupe de raisins secs
⅓ tasse d'olives vertes
2 c. à soupe d'amandes blanches coupées en lamelles
¼ c. à thé de cannelle
2 c. à soupe d'huile d'olive
Sel et poivre au goût

Préparation

1. Faire cuire le boeuf dans l'huile chaude. Ajouter l'oignon et l'ail. Faire mijoter quelques minutes.

2. Ajouter les tomates égouttées, les pommes, les raisins, les olives, les amandes et la cannelle. Saler et poivrer.

3. Servir avec du riz.

PÂTÉ LATIN

Pour 6 à 8 personnes
Coût: $$

Préparation: 20 minutes
Cuisson: 30 minutes

Ingrédients

2 lb de boeuf haché
2 oignons hachés finement
1 gousse d'ail hachée
3 c. à soupe de raisins secs
4 gouttes de tabasco
1 c. à thé de cumin
½ c. à thé de paprika
¼ de tasse d'olives noires dénoyautées
1 grosse boîte de maïs en crème
2 c. à soupe d'huile d'olive
Sel et poivre au goût

Préparation

1. Faire tremper les raisins secs dans 6 c. à soupe d'eau bouillante pendant 15 minutes.

2. Faire revenir le boeuf haché dans 2 c. à soupe d'huile chaude. Ajouter les oignons, l'ail, les raisins, le cumin, le paprika et le tabasco. Saler et poivrer.

3. Transvider le boeuf dans un plat allant au four et parsemer d'olives.

4. Verser le maïs en crème sur la viande.

5. Mettre au four à 350° F pendant 20 minutes. Au bout de 20 minutes, monter le four à 450° F et cuire encore 10 minutes.

CHOUX FARCIS À LA RUSSE

Pour 6 personnes
Coût : $ $

Préparation : 40 minutes
Cuisson : 45 minutes

Ingrédients

1 lb de boeuf haché
1 gros chou vert
3 oignons hachés
½ tasse de riz cuit
5 c. à soupe de beurre
1 lb de pruneaux dénoyautés
1 boîte de tomates égouttées
2 c. à soupe de farine
1 tasse de crème sure commerciale
Sel et poivre au goût

Préparation

1. Faire blanchir le chou dans l'eau bouillante. Retirer et séparer les feuilles en prenant soin de ne pas les déchirer.

2. Faire tremper les pruneaux dans l'eau froide pendant 10 minutes.

3. Faire fondre 3 c. à soupe de beurre et faire revenir 2 oignons hachés.

4. Mélanger le boeuf, le riz et l'oignon cuit. Saler et poivrer.

5. Farcir chaque feuille de chou du mélange de viande et d'un pruneau.

6. Mettre les choux farcis côte à côte dans un plat allant au four.

7. Faire fondre 2 c. à soupe de beurre et faire revenir le troisième oignon haché. Ajouter les tomates. Saler et poivrer.

8. Mélanger la farine et la crème sure et ajouter aux tomates.

9. Recouvrir les choux de cette sauce et mettre au four à 350° F pendant 45 minutes.

BOEUF DE CARACAS

Pour 8 à 10 personnes
Coût: $$

Préparation: 35 minutes
Cuisson: 1 heure

Ingrédients

2 lb de boeuf haché
2 lb de fromage gruyère
1 oignon finement haché
1 poivron vert finement haché
1 tasse de champignons finement hachés
1 grosse tomate finement hachée
⅓ tasse de raisins secs
1 c. à soupe de poudre Chili
2 c. à soupe de farine
4 c. à soupe de beurre
4 c. à soupe d'huile
Sel et poivre au goût

Préparation

1. Faire cuire le boeuf dans 3 c. à soupe d'huile chaude.

2. Retirer le boeuf et mettre de côté.

3. Faire fondre 3 c. à soupe de beurre et 1 c. à soupe d'huile dans le même poêlon et faire revenir les oignons, les champignons et le poivron.

4. Ajouter les tomates, la poudre Chili et les raisins et laisser mijoter pendant 15 minutes.

5. Retirer du feu, ajouter le boeuf et la farine et bien mélanger. Saler et poivrer.

6. Trancher le fromage en lamelles de ½ pouce.

7. Beurrer un gros moule à pain et disposer les lamelles de fromage dans le fond et sur les côtés du moule.

8. Mettre la viande dans le moule et recouvrir du reste des lamelles de fromage.

9. Couvrir et mettre au four à 350° F pendant 1 heure.

10. Retirer du four, refroidir et démouler en renversant le moule sur un plat de service.

11. Décorer de persil et servir.

RAGOÛT DE CASABLANCA

Pour 6 à 8 personnes
Coût: $$

Préparation: 25 minutes
Cuisson: 30 minutes

Ingrédients

2 lb de boeuf haché
3 oignons hachés finement
3 c. à soupe de persil haché
½ c. à thé de poivre de cayenne
2 c. à thé de cumin
2 c. à thé de coriandre
3 gousses d'ail hachées
1 c. à thé de cannelle
2 boîtes de tomates
2 c. à soupe d'huile
Sel et poivre au goût

Préparation

1. Mélanger le boeuf haché, 1 oignon haché, 2 c. à soupe de persil, ¼ c. à thé de poivre de cayenne, 2 c. à thé de coriandre et le sel. Former des petites boulettes.

2. Faire chauffer l'huile et faire brunir les boulettes de toutes parts. Retirer et éponger.

3. Dans la même casserole, ajouter 2 oignons, 1 c. à soupe de persil, ¼ c. à thé de poivre de cayenne, 2 c. à thé de cumin, 3 gousses d'ail hachées, la cannelle et les tomates.

4. Faire cuire à feu doux pendant 30 minutes.

DUMPLING AU BOEUF

(Ce sont les *pelmeni* russes ou les *pierogi* polonais.)

Pour 6 à 8 personnes
Coût : $

Préparation : 1 heure
(doit reposer au moins
1 heure)
Cuisson : 10 à 15 minutes

Ingrédients

La pâte
4 tasses de farine blanche
3 oeufs
1 tasse d'eau
1 c. à thé de sel

La farce
1 lb de boeuf haché ou moitié boeuf, moitié porc
1 oignon haché très finement
2 c. à soupe de beurre
Sel et poivre au goût

Préparation

1. Mettre la farine dans un grand bol et ajouter le sel, les oeufs ainsi que l'eau.

2. Incorporer les ingrédients avec vos mains de façon à former une boule.

3. Mettre la boule de pâte sur une surface enfarinée et pétrir pendant 10 minutes ou jusqu'à ce que la pâte soit élastique.

4. Recouvrir de papier ciré et laisser reposer pendant au moins 1 heure.

5. Faire revenir les oignons dans le beurre.

6. Mélanger parfaitement le boeuf, les oignons et ½ tasse d'eau froide. Saler et poivrer.

7. Rouler la pâte sur une surface enfarinée, la soulever et l'étirer avec les poings jusqu'à ce qu'elle devienne de l'épaisseur d'une feuille.

8. Former des ronds à l'aide d'un emporte-pièce enfariné.

9. Partager la farce sur ces ronds de pâte et refermer. À l'aide d'une fourchette, aplatir le contour de sorte que le dumpling ne s'ouvre pas.

10. Amener 3 pintes d'eau à ébullition. Jeter une douzaine de dumplings dans l'eau. Réduire à feu doux et cuire 10 minutes ou jusqu'à ce que les dumplings remontent à la surface. Les retirer et procéder ainsi jusqu'à la fin.

11. Servir avec un peu de choucroute et de la crème sure.

BOULETTES DE VIANDE À LA MAROCAINE

Pour 6 à 8 personnes
Coût: $$$

Préparation: 45 minutes
Cuisson: 20 minutes

Ingrédients

2 lb de boeuf haché finement (2 ou 3 fois)
1 lb d'amandes blanches
1 c. à thé de safran
1 oeuf
⅓ tasse de farine de pois chiches (ou de farine blanche)
1 oignon finement haché
⅓ tasse de coriandre fraîche finement hachée
2 c. à soupe de racine de gingembre râpé
Huile à friture
Sel et poivre au goût

Préparation

1. Recouvrir les amandes d'eau froide et faire tremper pendant 6 heures.

2. Faire tremper le safran dans 1 c. à soupe d'eau bouillante pendant 10 minutes.

3. Mélanger le boeuf, l'oeuf, ¼ tasse de farine, l'oignon, la coriandre, le gingembre. Saler généreusement.

4. Ajouter le safran et former des petites boulettes en plaçant une amande à l'intérieur de chacune d'elles.

5. Rouler les boulettes dans la farine.

6. Faire frire les boulettes dans l'huile bouillante. Les retirer et les éponger. Les boulettes se servent habituellement avec une sauce au cari dont voici la recette:

SAUCE AU CARI

Ingrédients

1 oignon haché finement
2 gousses d'ail hachées finement
1 c. à thé de cari
1 c. à thé de cumin
2 tomates fraîches hachées
¼ tasse d'eau froide
¾ tasse de yogourt
2 c. à soupe d'huile
Sel au goût

Préparation

1. Faire dorer l'oignon et l'ail dans l'huile.
2. Ajouter le cari, le cumin, les tomates et l'eau froide.
3. Ajouter le yogourt et de l'eau si nécessaire. Saler.
4. Jeter les boulettes de viande dans la sauce et laisser mijoter.
5. Servir chaud avec un bol de riz.

À LA MARMITE
À PRESSION

Pour les gens pressés, pressés, pressés,
rien de tel que la marmite à pression...

BOULETTES AU CHOU

Pour 8 à 10 personnes
Coût: $

Préparation: 15 minutes
Cuisson: 5 minutes
Marmite à pression

Ingrédients

2 lb de boeuf haché
2 oignons hachés finement
1 chou moyen haché finement
2 oeufs
1 boîte de sauce tomate
1 c. à thé de sucre
2 c. à soupe de graisse
Sel et poivre au goût

Préparation

1. Mélanger le boeuf, les oignons, le chou, les oeufs, le sel et le poivre. Former les boulettes.

2. Faire fondre la graisse dans la marmite et faire brunir les boulettes.

3. Ajouter la sauce tomate et le sucre. Fermer la marmite et faire cuire pendant 5 minutes. Faire refroidir la marmite immédiatement.

CHILI CON CARNE

Pour 6 à 8 personnes
Coût: $

Préparation: 5 minutes
Cuisson: 15 minutes
Marmite à pression

Ingrédients

2 lb de boeuf haché
2 oignons hachés
1 boîte de tomates italiennes broyées
1 boîte de fèves rouges
1 c. à soupe de poudre Chili
2 c. à soupe de beurre
Sel et poivre au goût

Préparation

1. Faire fondre le beurre dans la marmite et faire cuire le boeuf. Ajouter les oignons, les tomates, les fèves rouges, la poudre de Chili, le sel, le poivre et ½ tasse d'eau.

2. Bien fermer la marmite et faire cuire pendant 15 minutes. Laisser tomber la pression.

BOULETTES DE VIANDE AU GINGEMBRE

Pour 4 à 6 personnes
Coût: $

Préparation: 15 minutes
Cuisson: 5 minutes
Marmite à pression

Ingrédients

1½ lb de boeuf haché
2 oignons hachés finement
1 c. à thé de racine de gingembre râpée
2 tasses de fèves soya germées
2 c. à soupe de sauce soya
le zeste d'une orange
1 c. à soupe de jus d'orange
2 c. à soupe de graisse
Sel et poivre au goût

Préparation

1. Mélanger le boeuf haché, les oignons, le sel et le poivre. Former les boulettes.

2. Faire fondre la graisse et faire dorer les boulettes.

3. Ajouter ½ tasse d'eau, le gingembre, les fèves soya, le zeste d'orange, le jus d'orange et la sauce soya.

4. Bien fermer la marmite et faire cuire 5 minutes. Faire refroidir la marmite immédiatement.

BOULETTES DE VIANDE AU GRUAU

Pour 4 à 6 personnes
Coût: $

Préparation: 10 minutes
Cuisson: 8 minutes
Marmite à pression

Ingrédients

1½ lb de boeuf haché
⅓ tasse de gruau non cuit
1 oignon haché finement
1 oeuf
1 boîte de soupe aux champignons
2 c. à soupe de graisse
Sel et poivre au goût

Préparation

1. Mélanger le boeuf, le gruau, l'oignon, l'oeuf, le sel et le poivre. Former en boulettes.

2. Faire fondre la graisse dans la marmite et faire dorer les boulettes de toutes parts.

3. Ajouter la soupe aux champignons diluée. Bien fermer la marmite et faire cuire pendant 8 minutes. Faire refroidir la marmite immédiatement.

4. Servir les boulettes sur un nid de riz au persil.

PORC-ÉPIC

Pour 4 personnes
Coût: $

Préparation: 10 minutes
Cuisson: 8 minutes
Marmite à pression

Ingrédients

1 lb de boeuf haché
½ tasse de riz non cuit
1 oignon haché finement
1 c. à thé de thym
1 c. à thé d'origan
1 c. à thé de basilic
1 oeuf
1 boîte de sauce tomate
2 c. à soupe de graisse
Sel et poivre au goût

Préparation

1. Mélanger le boeuf, le riz, l'oignon, le thym, l'origan, le basilic, l'oeuf, le sel et le poivre. Former en boulettes.

2. Faire fondre la graisse et faire dorer les boulettes de toutes parts.

3. Ajouter la sauce tomate. Bien fermer la marmite et faire cuire pendant 8 minutes. Faire refroidir la marmite rapidement.

Boulettes de Viande Suédoises

Pour 6 à 8 personnes
Coût: $

Préparation: 10 minutes
Cuisson: 10 minutes
Marmite à pression

Ingrédients

2 lb de boeuf haché
2 tasses de lait
½ c. à thé de gingembre
½ c. à thé de cannelle
½ c. à thé de paprika
3 c. à soupe de fécule de maïs
3 tasses de bouillon de boeuf
Sel et poivre au goût

Préparation

1. Mélanger le boeuf, le lait, le gingembre, la cannelle, le paprika, la fécule de maïs, le sel et le poivre. Former les boulettes.

2. Porter le bouillon à ébullition et plonger les boulettes. Bien fermer la marmite et faire cuire pendant 10 minutes. Laisser tomber la pression.

HAMBURGER

Pour 4 personnes
Coût: $

Préparation: 5 minutes
Cuisson: 5 minutes
Marmite à pression

Ingrédients

1 lb de boeuf haché
1 oignon haché
1 gousse d'ail hachée
1 c. à soupe de beurre
Sel et poivre au goût

Préparation

1. Mélanger le boeuf, l'oignon, l'ail, le sel et le poivre. Former 4 croquettes.
2. Faire fondre le beurre dans la marmite et faire dorer les croquettes.
3. Ajouter 1½ tasse d'eau. Bien fermer la marmite et faire cuire pendant 5 minutes. Laisser tomber la pression.

SOUPE AU BOEUF

Pour 4 à 6 personnes
Coût: $

Préparation: 10 minutes
Cuisson: 15 minutes
Marmite à pression

Ingrédients

¾ lb de boeuf haché
1 boîte de tomates
2 carottes coupées en dés
1 oignon haché
1 gousse d'ail hachée
3 pommes de terre coupées en dés
1 c. à thé d'origan
2 c. à soupe de beurre
Sel et poivre au goût

Préparation

1. Faire fondre le beurre dans la marmite. Faire brunir la viande. Ajouter les tomates, les carottes, l'oignon, l'ail, les pommes de terre, l'origan. Saler et poivrer.

2. Ajouter 1½ tasse d'eau. Bien fermer la marmite et faire cuire pendant 15 minutes. Laisser tomber la pression.

CIGARES AU CHOU

Pour 4 à 6 personnes
Coût: $

Préparation: 15 minutes
Cuisson: 10 minutes
Marmite à pression

Ingrédients

1 lb de boeuf haché
1 tasse de riz cuit
1 gros chou vert
1 tasse de lait
1 c. à thé de thym
1 c. à thé de sarriette
2 c. à soupe de cassonade
2 c. à soupe de beurre
Sel et poivre au goût

Préparation

1. Séparer les feuilles de chou et les faire cuire à l'eau bouillante.
2. Mélanger la viande, le riz cuit, le lait, le thym, la sarriette, le sel et le poivre.
3. Farcir chaque feuille de chou et rouler. Maintenir à l'aide d'un cure-dents.
4. Faire fondre le beurre et faire dorer les feuilles de chou. Saupoudrer de cassonade.
5. Ajouter ½ tasse d'eau. Bien fermer la marmite et faire cuire pendant 10 minutes. Laisser la pression tomber.

BOULETTES DE VIANDE AU RIZ

Pour 4 à 6 personnes
Coût: $

Préparation: 10 minutes
Cuisson: 10 minutes
Marmite à pression

Ingrédients

1 lb de boeuf haché
¼ c. à thé de sarriette
1 oeuf
½ tasse de lait
½ tasse de biscuits soda émiettés
¼ tasse d'oignons hachés
3 c. à soupe de farine
2 c. à soupe de graisse végétale
1 tasse de riz non cuit
1 boîte de tomates
½ tasse d'eau
1 c. à soupe de paprika
Sel et poivre au goût

Préparation

1. Mélanger le boeuf, la sarriette, l'oeuf, le lait, les biscuits soda, l'oignon, le sel et le poivre. Former en boulettes et rouler dans la farine.

2. Faire fondre la graisse dans la marmite à pression et y faire dorer les boulettes.

3. Ajouter le riz, les tomates et ½ tasse d'eau.

4. Bien fermer la marmite et faire cuire pendant 10 minutes. Faire refroidir la marmite rapidement. Au moment de servir saupoudrer de paprika.

POUR LES TOUT-PETITS

Un chapitre tout spécial pour les tout-petits...

Certains enfants sont de grands gourmands. Avec eux point de problèmes. D'autres, au contraire, refusent de manger. Avec eux point de salut? Mais non, mais non...

En général, il suffit d'ajouter à chacune de vos recettes deux onces d'imagination pour faire manger votre petit rebelle.

Pour les moins difficiles des récalcitrants, préparez leurs plats favoris. Les pâtes alimentaires gagnent souvent leurs faveurs.

Pour les «cas problèmes», décorez vos plats, changez-en les noms. Un ennuyeux pain de viande devient une horloge amusante...

Et enfin, pour les «intraitables», faites-leur mettre la main à la pâte... Les quatre dernières recettes, très simples, sont réservées à cet usage... Votre petit peut alors devenir un petit chef...

Voici donc pour tous les petits difficiles des recettes qui sauront les amuser, les faire manger, et vous tranquilliser...

SPAGHETTI ITALIEN AUX BOULETTES

Pour 6 personnes
Coût : $ $

Préparation : 30 minutes
Cuisson : 2 heures

Ingrédients

1 lb de boeuf haché
¼ tasse de parmesan râpé
1 c. à soupe de persil ciselé
½ tasse de piment vert haché
1 oeuf
4 tranches de bacon coupées en morceaux
1 oignon finement haché
1 boîte de tomates italiennes broyées
1 c. à thé de sucre
1 lb de spaghetti

Préparation

1. Mélanger le boeuf, le parmesan, le persil, le piment, l'oeuf, le sel et le poivre. Former les boulettes.

2. Faire frire les morceaux de bacon et faire dorer les boulettes. Ajouter l'oignon et faire cuire 5 minutes.

3. Ajouter les tomates et le sucre.

4. Recouvrir et faire mijoter pendant 2 heures en brassant de temps en temps.

5. Cuire les spaghetti et napper de sauce.

PIZZA «NEW WAVE»

Pour 4 à 6 personnes
Coût: $$

Préparation: 15 minutes
Cuisson: 8 minutes

Ingrédients

1 lb de boeuf haché
1 oignon haché finement
1 gousse d'ail haché
¾ tasse de sauce tomate italienne
1 tasse de fromage mozzarella râpé
½ tasse de parmesan
½ tasse d'olives vertes coupées en lamelles
½ tasse de champignons en lamelles
8 pains pita
2 c. à soupe de beurre
Sel et poivre au goût

Préparation

1. Faire fondre le beurre et faire revenir l'oignon et l'ail.
2. Ajouter le boeuf et faire cuire. Ajouter la sauce tomate.
3. Mettre le mélange sur les pains pita.
4. Parsemer de fromage mozzarella.
5. Distribuer les olives et les champignons sur le fromage. Saupoudrer de parmesan râpé.
6. Mettre au four à 450° F pendant 8 minutes ou jusqu'à ce que le fromage soit fondu et doré.
7. Servir chaud avec une salade verte.

LE SANDWICH DU ROI SOLEIL

Pour 6 personnes
Coût: $$

Préparation: 20 minutes
Cuisson: 20 minutes

Ingrédients

1 lb de boeuf haché
1 oignon haché
1 boîte de fèves de Lima
1 tasse de sauce tomate
4 gouttes de tabasco
1 c. à soupe de poudre Chili
2 c. à soupe de beurre
Sel et poivre au goût
6 pains pita
2 avocats
2 tomates
1 tasse de crème sure

Préparation

1. Faire fondre le beurre et faire revenir l'oignon.

2. Ajouter la viande et faire cuire. Saler et poivrer.

3. Ajouter les fèves de Lima égouttées, la sauce tomate, le tabasco et la poudre Chili.

4. Amener à ébullition et réduire à feu doux. Cuire pendant 20 minutes.

5. Fourrer les pains pita de ce mélange.

6. Ajouter de la crème sure, des avocats et des tomates coupés en dés.

L E BALLON

Pour 6 personnes
Coût : $

Préparation : 5 minutes
Cuisson : 1 heure

Ingrédients

2 lb de boeuf haché
2 oignons hachés
2 oeufs
1 tasse de chapelure
2 c. à soupe de persil
1 tasse de parmesan
1 tasse de chapelure
1 boîte de sauce tomate
3 c. à soupe d'huile
Sel et poivre au goût

Préparation

1. Bien mélanger tous les ingrédients (sauf la sauce tomate, l'huile et la chapelure) et former un gros ballon.

2. Rouler le ballon dans la chapelure.

3. Faire chauffer l'huile et faire dorer le ballon en prenant soin de ne pas le briser.

4. Ajouter la sauce tomate, couvrir et mettre au four à 350° F pendant 1 heure.

5. Servir sur une salade de persil ou de cresson (gazon).

PAIN DE VIANDE CAMION

Pour 6 personnes
Coût : $

Préparation : 10 minutes
Cuisson : 40 minutes

Ingrédients

2 lb de boeuf haché
1 oeuf
½ tasse de chapelure
2 c. à thé de thym
1 tasse de ketchup
2 c. à soupe de moutarde
½ lb de pâtes en forme de roue
8 rondelles de courgettes de ¾ de pouce
1 carotte
Sel et poivre au goût

Préparation

1. Mélanger le boeuf, l'oeuf, la chapelure, le thym, le sel et le poivre.

2. Séparer le mélange dans un moule carré d'environ 6"×6" et dans un moule de 4"×4".

3. Mélanger le ketchup et la moutarde et étendre sur les deux pains de viande.

4. Mettre au four à 375° F pendant 40 minutes.

5. Retirer du four, démouler et mettre les deux pains bout à bout de façon à former un camion.

6. Insérer les rondelles de courgettes de sorte que le camion se tienne debout.

7. Planter une carotte qui tiendra lieu de tuyau d'échappement. Servir avec les roues cuites.

LE FANTÔME

Pour 4 à 6 personnes
Coût : $

Préparation : 20 minutes
Cuisson : 1 heure

Ingrédients

1 lb de boeuf haché
2 oeufs (garder 1 coquille)
1½ tasse de lait
1 tasse de chapelure
4 grosses pommes de terre
¼ tasse de beurre
Sel et poivre au goût

Préparation

1. Laver les pommes de terre, les éplucher et faire bouillir à l'eau salée.

2. Mélanger le boeuf, l'oeuf, 1 tasse de lait, la chapelure, le sel et le poivre.

3. Réduire les pommes de terre en purée avec le malaxeur électrique en ajoutant le beurre, ½ tasse de lait et 1 oeuf. Saler et poivrer.

4. Former un pain avec la viande et mettre dans un plat allant au four. Recouvrir de purée de pommes de terre.

5. Mettre au four à 350° F pendant 1 heure.

6. Retirer du four et mettre à la place des yeux du fantôme les deux parties de la coquille d'oeuf brisée.

7. Éteindre les lumières. Allumer les chandelles et déguster votre fantôme.

L'HORLOGE BARBECUE

Pour 4 à 6 personnes
Coût : $

Préparation : 15 minutes
Cuisson : 45 minutes

Ingrédients

1 lb de boeuf haché
1 oignon haché
1 poivron haché
1 c. à soupe de sauce Worcestershire
1 oeuf
1 boîte de sauce barbecue
1 petite boîte de maïs en grains
2 lamelles de poivrons verts

Préparation

1. Mélanger le boeuf, l'oignon, le poivron, la sauce, l'oeuf, le sel et le poivre.

2. Mettre dans un moule à gâteau rond.

3. Verser la sauce barbecue sur la viande et mettre au four à 350° F pendant 45 minutes.

4. Retirer du four et former les chiffres du cadran avec les grains de maïs. Les lamelles de poivron serviront d'aiguilles.

5. Maintenant apprenez à lire l'heure en mangéant!

LA FAMILLE DE «MINI»

Pour 4 personnes
Coût: $$

Préparation: 15 minutes
Cuisson: 15 minutes

Ingrédients

1 lb de boeuf haché
1 oeuf
1 c. à soupe de persil
½ c. à thé de thym
½ lb de cheddar doux râpé
4 olives vertes farcies
1 piment rouge en lamelles
1 carotte en lamelles
Sel et poivre au goût

Préparation

1. Mélanger avec les mains le boeuf, l'oeuf, le persil, le thym, le sel et le poivre.

2. Former 4 galettes. Parsemer de cheddar râpé.

3. Mettre au four à 400° F pendant 15 minutes.

4. Retirer du four et décorer la famille avec des rondelles d'olives pour les yeux, des lamelles de poivron rouge pour la bouche et des lamelles de carottes pour les cheveux.

LE SANDWICH DU GÉANT

Pour 4 à 6 personnes
Coût: $

Préparation: 10 minutes
Cuisson: 15 minutes

Ingrédients

1½ lb de boeuf haché
1 oignon haché finement
1 oeuf
1 c. à thé de thym
1 pain baguette
3 c. à soupe de beurre
Sel et poivre au goût

Préparation

1. Mélanger le boeuf, l'oignon, l'oeuf, le thym, le sel et le poivre.

2. Former un long saucisson de 2 pouces de diamètre et mettre au four à 400° F pendant 15 minutes.

3. Couper le pain baguette dans le sens de la longueur, le beurrer et le faire rôtir au four pendant 5 minutes.

4. Mettre le saucisson dans le pain.

5. Garnir au goût de ketchup, de relish, de mayonnaise, de moutarde.

6. Servir tel quel et trancher les portions à table. Les enfants trouveront amusant ce menu de géant.

SAPINS ET BOULES DE NEIGE

Pour 4 à 6 personnes
Coût: $

Préparation: 30 minutes
Cuisson: 20 minutes

Ingrédients

1½ lb de boeuf haché froid
1 oignon haché finement
1 oeuf
Sel et poivre au goût
Purée de pommes de terre assez ferme

Préparation

1. Mélanger le boeuf haché, l'oignon haché, l'oeuf, le sel et le poivre.

2. Étendre le mélange en rectangle sur un papier ciré.

3. Beurrer le contour intérieur d'un emporte-pièce en forme de sapin et l'enfariner légèrement. Découper la viande.

4. Mettre au four à 350° F pendant 20 minutes.

5. Faire des boules avec la cuillère à crème glacée dans la purée de pommes de terre et servir avec les sapins.

TABLE DES MATIÈRES

Achevé   Imprimerie
d'imprimer Gagné Ltée
au Canada Louiseville